推开宏观之窗

图书在版编目（CIP）数据

推开宏观之窗（第三版）/韩秀云著．—北京：中信出版社，2011.4（2025.6重印）
ISBN 978-7-5086-2618-5

I. 推… II. 韩… III. 宏观经济学—基本知识 IV. F015

中国版本图书馆CIP数据核字（2010）第250333号

推开宏观之窗（第三版）
TUIKAI HONGGUAN ZHI CHUANG

著　　者：韩秀云
策划推广：中信出版社（China CITIC Press）
出版发行：中信出版集团股份有限公司（北京市朝阳区东三环北路27号嘉铭中心　邮编　100020）
（CITIC Publishing Group）
承 印 者：河北鹏润印刷有限公司
开　　本：787mm×1092mm　1/16　　印　　张：18.25　　字　　数：200千字
版　　次：2011年4月第1版　　印　　次：2025年6月第30次印刷
书　　号：ISBN 978-7-5086-2618-5 / F・2222
定　　价：39.00元

服务热线：010-84849283
http: //www.publish.citic.com
服务传真：010-84849000
E-mail: sales@citicpub.com
author@citicpub.com

目录

序　言／ XIII

第一章　**推开宏观之窗**／ 1

身处现代社会，如果你不懂宏观经济知识，不会看汇率、利率、税率，不知道经济增长率，不了解物价指数的正与负，不知道通货膨胀率的高与低，这些数据的变化你都不知道的话，你怎么能去投资，怎么去选择职业，怎么去搞好你的企业、搞好你的城市，乃至你的国家呢？你需要了解宏观经济知识，掌握一定的经济规律，从而在宏观经济大潮中把握机遇，减少风险。这里为你推开一扇窗，带你领略一个精彩而生动的宏观经济世界。

第二章　**听宏观经济的故事**／ 15

1776年，经济学之父亚当·斯密在《国富论》中阐述了一只“看不见的手”(市场）的理论。他曾写道：“国王陛下，请您不要干预经济，回家去吧！国家做什么呢？就做一个守夜人。”当西方国家经历了20

世纪30年代的经济大危机，又一个经济学家凯恩斯说，经济这么萧条，股市这么低迷，失业这么严重，“看不见的手”不灵了。他提出了“看得见的手”理论，主张国家干预经济生活。1936年，凯恩斯出版《就业、利息和货币通论》，宏观经济学就从这里开始。

第三章 **一国经济是怎样平衡的** / 27

你想了解，一国经济究竟是怎样平衡的吗？你想知道，政府每天都在忙些什么吗？你想明白，总供求之间为什么需要平衡吗？当经济中总供给大于总需求时，就会出现通货紧缩；当总需求大于总供给时，就会出现通货膨胀。所以，当你看到价格指数在向上升的时候，经济就逐渐热起来了；当你看到价格指数向下降时，经济就开始变冷了。那么，当通货膨胀来临时，你该作出何种选择呢？

第四章 **GDP就是国内生产总值** / 37

说到一国经济，自然要提到经济总量。那么，用什么来计量一国的经济总量？用什么来衡量国与国之间贫富的差距？用什么来衡量各国人民生活水平的差距？用的都是GDP。什么是GDP？ GDP就是国内生产总值，它表示一个国家或一个地区在一年内究竟新创造了多少物质财富。GDP是由总消费、总投资、净出口三部分组成的。这是政府拉动经济增长的三驾马车。GDP这个概念对理解宏观经济非常重要。

第五章 **经济增长与和谐发展** / 47

对于一个国家而言，经济增长确实太重要了。美国和日本的人均GDP约4万美元，我国的人均GDP到2010年末是3 800美元，和它们相比有10倍的差距。虽然经过30年的发展，我国的经济状况已有明显改善，生活水平在提高，拥有了更多的自由和选择，这些都是我国经济整体增长的结果。同时我们也要看到，经济增长是手段，不是目的。我们的目的是让全国人民最终都能过上和谐、幸福的生活。所以，增长确实重要，让社会和谐更重要！

第六章 **市场失灵** / 57

现代市场经济的运行，离不开亚当·斯密“看不见的手”的经济理论，其核心就是让市场机制自发起作用。可是，当河流被污染，山林被砍伐，学龄儿童失学，出行者没有公路；当偏远山区的人们生活困难，当失业贫困的人揭不开锅时，市场就没有招儿了。市场无法解决经济中负的外在性、公共物品、收入分配不公这些问题。市场不是万能的，它也有解决不了的问题。你想知道，究竟是什么原因造成了市场失灵吗？

第七章 **政府扮演的经济角色** / 69

由于市场失灵，它做不成的事就需要由政府去做。那么，政府在经济生活中应该做些什么呢？第一，稳定经济。如果经济不稳定，社会就发展不好。第二，提供足够的公共服务。因为社会需要畅通的公路，需要有干净的河流，有新鲜的空气，需要有良好的教育。第三，创造公平竞争的条件。政府要做公正的裁判，给所有人公平的机会。第四，进行收入再分配，让穷人有饭吃。这些都是政府应该做的，那什么又是政府不该做的事情呢？

第八章 **财政，财政，有财方能行政** / 81

财政对一国政府非常重要。如果没有财政收入，政府根本不能生存；如果没有财政支出，政府根本不能运作。请问，谁来给公务员发工资？谁来为军队、公检法这些国家机器部门支付费用？谁来支援教育？谁来救济贫困人口？谁来投资建设公路和桥梁？这些都需要政府的财政支出。有了财政的收和支，政府才能行使自己的权力，才能对一国的宏观经济进行调控。你想知道，财政收入的钱是从哪里来的，财政支出的钱又到哪里去了？

第九章 **财政赤字和国债** / 93

当政府的钱不够花的时候，支出大于收入的差额就叫财政赤字。弥补赤字有两种办法：透支和发行国债。如果透支太多，可能会引发通货膨胀；如果国债发行过多，又会引发债务危机。国际上规定了财政赤字有两条警戒线，超过警戒线，财政就会出问题。那么，透支与国债相比，哪种方式产生的后遗症要小一些？我国每年财政赤字是在国际警戒线内吗？多大的国债规模是我国经济可以承受的？

第十章 **社会保障体系与“三农”问题** / 105

社会保障体系的建立对于中国政府来说是个难题，但是对中国国民来说却是必需。如贫困人口吃饭找谁？失业人员生活困难找谁？百姓生了病怎么办？我们老了谁来养活？这些问题需要政府建立一个社会保障体系来解决，否则社会将无法安定。当然，中国有9亿农民，农村、农业和农民这“三农”问题更是政府需要面对的难题。不提高农民收入，就没有人愿意种地，没有了农业我们吃什么？

第十一章 **银行是如何创造货币供给的** / 115

人们通常以为我们手中的钞票是印钞厂造出来的，却很少有人知道货币供给是银行通过信用活动创造的。为确保存款人提款的安全，现代银行体系都有法定准备金制度。那么，银行怎样创造出信用货币，从而使货币供给量不断被放大了呢？知道了银行创造货币的过程，知道了经济与银行之间的关系，你就会明白，如果人们都把存款提出来藏在自己床下的时候，经济将会产生怎样的灾难。

第十二章 **信用是经济运行的基石** / 123

试想，如果有一天你去银行取钱，银行没有钱付给你了，会发生什么样的情况？银行可能因为对一个储户失去承兑的信用而引发信用危机；人们开始集体涌到银行去挤兑；一家银行因失去信誉而破产，会导致非常可怕的连锁反应。因为银行破产，首先打掉的是人们对银行的信心，进而动摇人们对整个经济的信心，引发大面积大恐慌。在现代社会中，信用就是市场经济的基石。失去信用的经济，将随时面临灭顶之灾。

第十三章 **中央银行起什么作用** / 133

你是否想过，我们平时去存钱的商业银行，接受那么多的存款，也放出大量的贷款，万一这些贷款收不回来，我们存在银行的钱还能取出来吗？谁应该对此负责任呢？还有，如果我们手中的货币贬值了，我们该找谁补偿损失呢？万一商业银行出了问题，谁来救它们呢？这些都是中央银行的任务。在现代经济中，中央银行的作用极其重要，它是了解宏观经济的重要窗口。

第十四章 **央行治理经济的思路是什么** / 141

中央银行最重要的任务是保证一国货币的稳定。央行治理经济的思路是：当经济过热的时候，它会出台新的货币政策，关紧资金流入市场的闸门；当经济过冷的时候，它会开闸放水，让资金流入市场。随着我国市场经济的逐渐成熟，中央银行对宏观经济的调控作用也越来越重要。

第十五章 **货币政策的三大法宝** / 153

中央银行实施货币政策有三个工具：一是法定准备金率；二是贴现率；三是公开市场业务。央行就是运用这三个工具来调控宏观经济的。了解这些指标后，当你看到中央银行用了什么工具调节市场资金的供求时，你就会知道经济将要发生什么样的变化了。经济究竟是冷还是热？是出现了通货膨胀还是通货紧缩？自己应该采取什么样的应对措施为好？如果央行不断加息，它又告诉了你什么信息？

第十六章 **金融市场为我们提供了什么** / 163

你想知道金融市场为你提供了什么吗？金融市场为你提供了存钱、赚钱和借钱的渠道。你想了解什么是直接融资、什么是间接融资吗？把间接融资逐渐变为直接融资，这是我国金融体制改革的方向。你想让自己的资产保值增值吗？面对现代金融市场，你需要思考，什么是你最优的融资途径；如何利用金融市场及其衍生工具，让自己的储蓄、贷款、投资和理财的行为做到风险最小、收益最大。

第十七章　从宏观视角看股市 / 173

看一只股票的价格是高还是低，看股市的行情是升还是降，都要从宏观经济的视角来分析。股价究竟是由什么因素决定的？是企业效益、银行利率、政治因素等。股市是经济的晴雨表，经济好了股市才会好；经济不好股市好，那只是炒作。要学会搭宏观大势的顺风车；要知道胳膊拧不过大腿；要知道在股市里什么是长线投资，什么是短线投机。只有规避了风险，你才能在股市里赚钱。

第十八章　股市泡沫是怎样产生的 / 187

很少有人会判断股市里是否出了泡沫。告诉你一个最简单的判断标准：当你发现股价指数只涨不跌，所有投资者都赚钱而且赚钱很容易的时候，就说明股市过热了，已经有不少泡沫了。这时你可要注意了，因为股市随时都可能出现狂跌，你需要的是战胜恐惧的勇气，切忌贪婪，千万不要接到股市泡沫的最后一棒，你要学会抽身而逃。那么，什么是股市泡沫？它是怎样产生的？股市泡沫究竟有什么危害？做股市的你需要了解这些。

第十九章　金融风暴是如何形成的 / 199

由于全球经济一体化步伐的加快，各国经济关联的紧密，经济循环速度的加快，一个国家开始出现的金融危机很快就会殃及另一个国家，形成一场大范围的金融风暴。这里告诉你金融风暴是怎样形成的，它为什么来得如此迅猛。作为一个普通投资者，作为一位企业家，作为一名政府官员，当看到股价、楼价、物价都在疯狂向上涨，而且长时间居高不下，这时金融风险就离我们不远了，你要学会规避风险。

第二十章　汇率是宏观中的宏观 / 211

一国汇率是怎样决定的？它取决于一国的综合实力和经济增长速度。一国经济增长，汇率就会上升；经济衰落，汇率就会下降。例如，我国经济高速增长，带来人民币的升值，表现为汇率的上升和外汇储备的增加。通过汇率，可以折射出一国宏观经济存在的所有问题。你想了解汇率吗？你想知道汇率是怎样发生变化的吗？你想弄明白人民币升值过程中，对你个人、企业、政府会产生什么样的影响吗？

第二十一章　宏观经济政策如何出台 / 223

政府调控经济的目标是使一国的总供给和总需求达到平衡。它运用三大政策来调控经济：财政政策、货币政策和对外经济政策。当经济太冷的时候，政府就“踩油门”，刺激消费、加大投资、增加出口，让经济回升；当经济太热的时候，政府就“踩刹车”，限制消费、减少投资，把过热的经济压下来。当你了解了政府调控经济的方式，学会了判断经济周期波动的趋势，分析了政府出台的宏观政策，你就会对自己的消费和投资作出合理的选择。

第二十二章　我国经济中的难点问题 / 237

我国宏观经济中存在着很多问题，如提高农民收入问题、解决失业问题、建立社会保障体系问题、防范金融体系风险问题、防止人民币过快升值问题，以及治理环境污染问题等。这是摆在我国政府面前的难题。而金融风险是最大的风险，防止国际热钱冲击中国，防止中国经济出现过热局面，让我国经济平稳发展，都是关乎我国长期发展与稳步增长的大问题。这些问题与你的工作、生活、财富和未来有关吗？

第二十三章 **懂宏观，多机遇，少风险** / 247

学了宏观经济知识后，要懂得经济是有周期波动的，什么东西热过了都会回头，大家都去追求一种东西时，价格肯定是向上涨的。如果有迹象表明经济有可能要从高峰跌下时，你是否该有所行动了？怎样做到让你的资产保值和增值？学习宏观经济知识，最重要是训练一种感觉、一种思维、一种分析能力。当你看到一个指标、一组数据发生变化时，你要想到它们之间的联系，它们告诉你什么？给你什么启示？如果你能懂点宏观知识，就可以抓住机遇，规避风险。

后记 / 255

推荐书目 / 259

序言

第三版序

《推开宏观之窗》是一本普及宏观经济知识的书，它写于2003年中国经济大起之时。经过5年的发展，中国经济突飞猛进。于是我在2008年，对本书第二版作了修订。该书印刷了十几万册，至今销量仍在不断攀升，可见国人对经济知识的渴求。时间又过去了3年，国内外的经济形势都发生了巨大变化。为此，我对该书作了第三次修订，希望读者能看到最新的内容，接受最新的知识。本书力图写得浅显一些，希望更多的人能读懂它。

2008年，美国爆发了席卷世界的金融海啸。它给我们的启示是，这个世界的金融系统一旦发生问题，立刻就会波及全球经济，世界各国都难以幸免。眼下美国经济虽然出现了复苏的迹象，但美元还在贬值。

2009年，各国政府用印钞和发债的方式来救市，都想让本国经济走出这场危机。但随之而来的却是货币的流动性泛滥，通货膨胀的高企，以及人们手中财富的缩水。

2010年，欧债危机爆发了。欧洲一些国家政府借的债太多了，财政赤字巨大，政府没钱还债了，它们要求压缩公务员的工资和福利待遇，由此引发了大规模的罢工和示威游行。欧洲在动荡，欧元面临危机。

2011年，非洲国家发生了大规模反政府示威游行，由于物价飞涨、民不聊生。首先是埃及政府被推翻，接下来是利比亚的卡扎非政府，到处轰炸平民百姓而遭到盟军的炮轰。现在非洲多国处在一片动乱之中，这会引发第三次石油危机吗？

2011年3月11日，日本发生了大地震和特大海啸，福岛核电站出现了核泄露，日本面临着巨大的灾难和危机。日本经济将出现新的衰退。

在2008年美国金融海啸爆发后，中国政府全力以赴救市，2008年财政投入4万亿人民币，银行贷款9.5万亿元人民币，把我国经济拉了起来，2009年我国GDP达到8.7%的增长速度。到了2010年、金价涨、油价涨、原材料价格猛涨、国外输入型通货膨胀和国内经济过热的通货膨胀困扰着每一个人。政府该如何调控？我国的物价指数能降下来吗？如果CPI还在继续攀升，那人们手中的钱该怎么办？房价会掉下来吗？如果房价真的掉头向下，那我国经济会二次探底吗？政府在短期内可以控制房价，但它能够改变房价的长期走势吗？

在通货膨胀严重的情况下，百姓可以多买一些黄金放着吗？人们都知道黄金价格在涨，但有谁知道黄金价格什么时候会跌？

大家都知道，人民币在升值，但它会升到什么程度，人民币升值的空间究竟有多大？政府该怎么出招，企业该如何应对，国民又将如何面对？

今年以来，我国的货币政策开始从紧，中央银行拧紧了闸门，多次提高了存款准备金率，未来还会不断加息。企业从哪里找到钱？我国的钢铁、煤炭、电力等行业将面临什么样的风险？未来宏观政策将如何变化，我国的经济走势如何，我们究竟该怎么办？员工的工资在涨，借钱的资金成本在上升，人民币在不断升值，都涨了，企业该怎么生存下去？

如果楼市调控了，投资实业没钱可赚，那大量的资金会流到哪里去？还有，预期人民币升值，国际热钱纷纷流进中国，准备抄底中国，大量热钱又会流到哪里去？试问，这两年中国的股市会有行情吗？如果有，我们该如何面对？

这些问题，都需要读者懂一点宏观经济知识，你要学会看物价指数、通货膨胀率、利率、税率、汇率，知道政府宏观调控如何出招，知道经济周期是向上还是向下，面对通货膨胀你该作出怎样的选择。

本书就是告诉你面对复杂多变的国内外经济形势，首先需要你能够看得懂，其次还需要你作出合理的选择。

中国经济在飞速发展，中国已位居世界第二，超越了日本，仅次于美国。预计2020年，中国将超越美国，成为世界第一的国家。到那时，我国的国民素质需要提高，国人需要有经济头脑，要和崛起的大国相匹配。不懂宏观经济知识，你怎么理财，怎样抓住机会，怎样能在经济增长的大潮中让自己的财富保值增值，怎样搭上中国经济增长的这辆快车？希望你能阅读这本书，推开一扇宏观经济之窗，推开一扇财富增长之窗。

韩秀云

2011年3月31日于北京清华大学

第二版序

《推开宏观之窗》出第二版，出版社要我写一个第二版序，对读者有些交代。这件事对我来讲有点难，不知写点什么好。本书自2003年问世以来，印刷了9次，销售达6万册之多，并获得2004年第十四届中国图书奖，这些都出乎我的意料。

记得刚开始写这本书时，许多人说，宏观经济深不可测，那不是老百姓能明白的高深学问，都劝我改个书名，否则卖不出去。但我认为，应该让老百姓懂点宏观经济，应该有人写一点让老百姓读得懂的经济学书籍！于是，这本书就带着这样一个书名问世了。

2003年初，我已预感到中国经济增长大潮在涌动，全民理财的时代即将开始，于是写了一篇题为“中国经济出现自身性增长”的文章，刊登在《经济日报》的头版上。紧接着就发生了影响全国的“非典”，很多人都认为那年的经济肯定会掉头向下，甚至还有人讽刺说：喂，你判断的经济增长没来，可“非典”来了！令所有人没想到的是，中国经济就是从那一年起飞的。2004年4月8日，我在《中国财富》杂志上发表了《中国经济处于大爆发的前夜》的文章，指出爆发的触发点是股份制改造等一系列重大经济决策推动的。

从2003年起，中国经济连续四年保持了10%以上的高速增长。

时光进入2007年，中国经济形势发生了巨变，股市火了，楼市火了，物价涨了，经济增长速度加快了。中国的股市从2005年的998点到2007年最高时6 000点，一口气涨了6倍。这本书第一版首印8 000册，最早担心卖不出去，没想到问世一个月就被抢光了，四年来印数增长了8倍。只能说它搭上了中国经济增长的快车。

本书写于2003年，当时中国经济还处在过冷的时段。几年过去了，中国经济发生了很大变化，许多经济数据都发生了变化，政府宏观调控政策也发生了变化。我感到有责任重新修订这本书，让这些变化在第二版中得到体现。

比如，这轮经济增长从低到高，这个过程是怎样发生的？经济从冷到热，政府宏观调控手段都有哪些变化？第二版在第五章增加了经济增长与和谐发展的内容，在第十章增加了社会保障与“三农”问题的内容，还对书中所有的数据进行了更新，并提出了一些观点供读者参考。

比如，对中国的股市如何看？美国华尔街资本市场经历了两百年的风风雨雨，今天依然屹立不倒，它为美国经济作出了巨大贡献，这是资本市场的发展史。中国作为一个崛起中的大国，必然要有一个庞大的资本市场相配合——这是一个大趋势。如果说中国经济还有二十年的增长，那中国的股市就没有不跟着涨的道理——这更是一个必然。但是暴涨意味着暴跌，矫枉过正，价格围绕价值波动这几乎是股市永恒不变的定律。投资者对股市始终应该以理性的心态去对待。

对中国的楼市怎么看？中国的房价这几年来飙升很快，当物价指数上涨幅度超过银行存款利率时，买房可以对冲通货膨胀的风险，而且随着人民币的不断升值，人民币资产的升值也是必然的。然而，一旦进入加息周期，情形就会发生相反的变化。楼市的短期波动和中期调整不可避免，但中国房地产市场的长期走势是向好的。

对人民币升值如何看？随着中国经济长期的高速增长，人民币升值是一个必然，只是升值的速度快与慢、升值的时间长与短而已，我们需要做好充分的思想准备。

中国经济增长的走势如何？总体趋势向上并不等于短期没有震荡、中期没有调整，因为经济本来就是有周期波动的。股市这么热，楼市这么火，物价这么高，通货膨胀压力这么大，黄金涨、石油涨、欧元升值、人民币升值，这一切都说明了什么？这些高涨过后等待着我们的又是什么呢？当政府宏观调控来临时，当经济的冬天来临时，我们做好过冬的准备了吗？哪怕只是抵御一次寒潮。1997年诺贝尔经济学奖获得者罗伯特·默顿说过："经济中最大的风险是不对风险加以防范。"

如果问，我们给后代留点什么？当今世界各国都在争夺稀缺的不可再生资源。人类对石油的争夺越来越激烈，对淡水的渴望、对粮食的需求、对能源的需求等，争夺这些都是为了本国经济快速发展。但如果为了经济高速增长而破坏了环境，没了蓝天、没了淡水、没了干净的空气，地球上堆满了垃圾，那我们追求的经济高增长还有什么用？如果每个人都为地球献出一颗爱心，都为环境保护贡献一份力量，都为穷人想一想，为我们的子孙后代想一想，为我们的国家、民族、社会、人类、地球多想一想，那人类的未来该多么美好！

改革开放三十年，中国发生了翻天覆地的变化。生逢盛世是幸运的，然而我们又肩负使命。中国必将成为一个崛起的大国，让我们都能分享到中国经济社会和谐发展的成果。

我祝愿，我祈祷！

韩秀云

第一版序

在中国普及宏观经济知识，是我多年的梦。写一本上至企业家、政府官员，下至职业经理人和黎民百姓都能看懂的宏观经济普及读物，是我多年的心愿。

1984年末，我从南开大学踏入清华大学经济管理学院，开始了教书生涯。当女儿还躺在我的怀里吃奶时，我就站到讲台上，给研究生们讲授《资本论》这门学位课。没有想到，那么高深难懂的理论竟然让学生听懂了，而且产生了兴趣，由此我获得了清华大学1987年的优秀教学奖。从那一刻起，我放弃了儿时的种种梦想，一心想做一个出色的大学老师。

1991年，我幸运地获得了德国基金会的奖学金，途经莫斯科到达德国科隆大学，做了访问学者。在那里待得越久，学得越多，越发感到了自己知识的不足。于是1993年我决定进修，开始在德国慕尼黑国防大学攻读经济管理的博士学位。在学习过程中，德国有序的社会管理和发达的市场经济，这一切所折射出的经济学在经济实践中被成熟应用，给我留下了深刻印象。从那时起，我萌生了在中国普及宏观经济教育的梦想。

1995年回到清华大学经济管理学院，我为MBA学生讲授《宏观经济分析》学位课程。MBA是一个奋发向上的群体，为了教好这门课，我一直在思考，怎样才能让枯燥的宏观经济学变得不再“沉闷”。既让MBA学到知识，又能引起他们浓厚的兴趣；同时，还能让这门知识对MBA真正有用。我给自己出了一个难题，为此，我付出了多年的努力。

在黑板教学的年代，我一遍遍地写讲义。每讲一次课，都要重新修改，补充新思想和新资料。看到MBA学生们忙着记笔记，自己又总是在黑板上浪费时间，于是，我决心为他们写一本《宏观经济分析》教材，这个愿望1998年得以实现。

虽然有了教材，我每天依然备课不止，我不敢掉以轻心，近乎诚惶诚恐。每次上课前的最后一分钟，我都在想：怎样讲好？如何做到和学生们互动，让他们的大脑在兴奋状态中学到真正有用的知识，同时，还能够把知识变成一种能力？我每天都在作着这样的努力，以至于有人问我：“讲了这么多年，难道还背不下来吗，怎么天天还在备课？”

是的，没人能够理解，但我深知其中的艰难。我常想，作为老师，她是用自己的思想乳汁在哺育学生，一定要把最新的知识讲给学生听。

计算机多媒体的应用给我的教学插上了翅膀，让我多年追求的启发式与互动式的教学又上了一个台阶。看到学生们对学习宏观经济理论的兴趣、激情与热爱时，我开始感到自己对宏观经济教学的努力没有白费。

这几年，我给许多企业家和政府官员作过培训，教过的学员不下万人。这些教学实践使我越发感到，缺乏宏观经济常识已经成为现阶段企业、个人乃至一个国家寻求财富保值增值的知识瓶颈。通俗实用的宏观经济知识是上至企业家、政府官员，下至黎民百姓都需要的。但是，宏观经济理论博大精深，抽象难懂，怎样让它从高深的殿堂上走下来，进入寻常百姓家里，这是我思考了许久的问题。我曾多次尝试写一本通俗的宏观经济普及读物，都没有成功，因为找不到一种合适的表达方式。

幸运的是，2003年初，中国教育电视山东台《名家论坛》栏目邀请我拍摄了24集《宏观经济》电视节目，给我提供了一个契机，使我有机会把自己在大学课堂上封闭了许久的宏观经济教学内容完整地搬上了荧屏。更没想到的是，电视演播既体现了作为一门经济学课程的逻辑与严谨，又保留了口头表述的亲和力与生动性。我和我的助手为此兴奋不已，我们夜以继日地进一步完善书稿，才有了这本《推开宏观之窗》。

电视节目连续播出96天后，受到了观众们的好评。很多人在网上发来邮件告诉我，没有一点经济学基础知识的他们竟然对宏观经济产生了兴趣。一位退休的老中医到清华大学来买这套《宏观经济》光盘时说："我听懂了你讲的宏观经济，非常感兴趣。"她问道："像我这样的年龄是否还能学好宏观经济这门科学？"

是的，中国每天都在进步，人们需要不断学习和充电。宏观经济知识是一个国家想富强的人们必须具备的知识。基于这种信念，我在宏观经济教学方面一直努力；基于这种理念，我写了这本《推开宏观之窗》。作为一本宏观经济学的普及读物，我想让更多的人了解宏观经济知识的重要性，让更多的人接受宏观经济知识的教育与熏陶，这是我写本书的目的。

本书用最浅显的语言和最生动的故事，给大家讲解了宏观经济的基础知识，不仅让你了解到有关GDP、财政、失业、通货膨胀、利率、汇率、金融风险和经济周期的基本知识，还能让你学会如何将宏观经济的思维巧妙地应用到你的投资理财和消费决策中。

这本书一定会引起你的兴趣；只要你耐心读下来，一定能感受到宏观经济知识的魅力；如果你善于思考，这种知识就会变成一种宏观思维能力，让你的知识结构中多了宏观经济这非常重要的一部分。

美国著名经济学家曼昆这样描述："在我当学生的二十年中，最令我兴奋的是听经济学原理这门课。可以毫不夸张地说，这门课改变了我的一生。"

我虽不期盼这本书能够改变你的一生，但我希望它能为你点亮一盏灯，为你推开一扇窗，引起你对宏观经济知识的兴趣，让你在轻松的氛围中踏入宏观经济知识的殿堂。因为，这里有你需要的知识，有你认识世界的钥匙，有分析宏观问题的方法，有打开你宏观视野的窗口，还有你致富的工具。

我深知，在中国普及宏观经济知识的教育，我一个人的力量是渺小的，但这毕竟是我的心与梦。然而，我深信，随着中国经济的进步，人们对宏观经济知识需求的增加，普及宏观经济知识将不再是一个遥远的梦。

韩秀云

第一章　推开宏观之窗

身处现代社会，如果你不懂得宏观经济知识，不会看汇率，不懂得利率，不知道税率，不知道经济增长率，不了解物价指数的正与负，不知道通货膨胀率的高与低，这些数据是如何变化的你都不清楚的话，你怎么敢投资，怎么去选择职业，怎么能办好你的企业、搞好你的城市，乃至你的国家呢？当我们试图去了解宏观经济，试图掌握一定的经济规律，从而在宏观经济大潮中把握机遇时，一直深藏在高等学府里的宏观经济学，却成为无数求知者无形的障碍。

这一章就是想告诉大家，宏观经济其实就在你身边，宏观经济学如此生动，如此贴近你的生活。它为你推开一扇窗，让你领略一个精彩而生动的宏观经济世界。

身处现代社会，你会越来越发现，如果不懂宏观经济知识，不会看汇率，不明白利率，不知道税率，不知道经济增长率，不了解物价指数，不知道失业率，对这些数据如何变化你都不清楚的话，你怎么安身立命？又怎么去投资，怎么去选择职业，怎么办好你的企业，搞好你的城市，乃至我们的国家呢？当你试图去了解宏观经济，试图掌握一定的经济规律，从而在经济大潮中把握机遇时，一直深藏在高等学府里的宏观经济学，却可能成为无数求知者面前无形的障碍。

本书就是想告诉大家，宏观经济其实就在你身边，宏观经济学是如此生动，它比你所能想象的要更加贴近你的生活。

提起宏观经济，也许你会想："宏观经济离我们太远了，那都是国家大事，是政府的事，和我有什么关系？"不，其实宏观经济就在你身边，我们每天都生活在宏观经济之中。

每天都有大量的经济信息扑面而来，你是否想到，它们对你本人、你的家庭、你的企业、政府还有国家都会产生哪些影响？你需要了解宏观经济，需要知道这些经济信息背后的含义以及对你自己的深刻影响。

比如说，银行存款利率的变动，是与我们每个人都密切相关的一个宏观经济问题。20世纪90年代末，大家都争着去银行存钱，那时银行的存款利率却很低。人们想法其实很简单："要是不存钱，家里很多事情都解决不了。比如，孩子要上学，自己要上医疗保险，万一失业全家生活怎么过？家里还有老人需要赡养、上医院看病等。"需要花钱的地方实在太多，只能把手里的钱攥得更紧。因为大家对未来的预期不好，所以都要存钱。

但是到了21世纪初，或者说从2003年开始，人们纷纷把钱从银行中提出来，投入楼市、股市，投入实业，都想搭上中国经济高速发展的快车赚点钱。为什么过去无论政府如何刺激消费、投资，人们硬是一毛不拔，而现在怎么拦都拦不住？楼价、股价、物价都在涨，可人们就是一窝蜂地去消费、投资、理财。

究竟是什么让百姓作出这样的选择呢？

当经济冷的时候，人们都不花钱，很多人曾这样说：我们投资实业吧，生产出来的东西卖不出去；投资股市吧，股价这么低迷；去做汇市吧，又没有经验，我们只能把钱攥在手里。

现在完全不同了，投资实业物价涨，投资股市股价涨，投资楼市楼价涨，把钱投到哪里都赚钱。

为什么会这样呢？因为经济热了，物价指数上去了，利率也开始提高了。尽管如此，大家还是愿意消费、愿意买房、愿意投资，那是因为有利可图。

曾几何时，企业的日子不好过，银行的日子不好过，老百姓的日子也不好过。当时的物价指数很低，说明企业的日子不好过，生产出来的东西卖不出去；利率如此低，说明银行的日子不好过。企业效益不好，百姓的收入不高，哪有钱消费？所以，当利率向下降的时候，物价指数向下降的时候，说明经济已经变冷了。

那么，经济变冷的时候，政府该怎么办？政府有三招儿，它告诉人们：你们去消费吧，我让银行给你们贷款，你们可以去买房，可以去买车，孩子上大学你们也可以到银行来贷款，你们还可以贷款去投资企业等。所有消费，银行都愿意给你们贷款，你们花钱吧！因为只有人们花钱，才能把企业生产出来的东西买走，企业收回钱来才能继续生产，这是政府使出的第一招儿，它在刺激消费。

政府使的第二招儿就是加大投资力度。中央政府在20世纪90年代末投资西部十大工程，修了三峡工程，建了京九铁路，还有许多高速公路，政府作了很多基础设施方面的投资。政府这样做是在告诉人们：你们来投资吧！这些都是有钱可赚的。大家都来投资吧！只有加大投资，我国经济才能持续高速增长。政府拉动经济的这一招儿，是在刺激投资。

政府使的第三招儿就是扩大出口。政府告诉企业家：你们出口吧，出口可以退税，很合算。它鼓励企业出口。当我们的企业把产品推向国外市场的时候，人家买了我们的产品，钱就会流回国内，把我国经济这块蛋糕做得更大，我国的经济增长加快了，我们每个人的收益就会增加。

所以，我们看到，在经济冷的时候，政府刺激经济有三个办法：一是鼓励消费，二是扩大投资，三是增加出口。所以，我们常听说，政府拉动经济增长有三大法宝：消费、投资、出口，说的就是政府刺激经济的三个基本手段。

在这三招儿刺激下，经过几年的努力，我国经济终于被拉动起来。从2003年开始，已经保持了连续几年10%以上的增长速度。大家买房、买车、投资、炒股，可以说中国的宏观经济如此红火，让外国人都红了眼，中国经济驶入高速发展的快车道，想慢都慢不下来。经济洪流滚滚向前，这是2006

年出现的盛况，想挡都挡不住。

面对这样的现状，政府又该如何呢？它同样还有三招儿：减少投资、提高利率、降低出口退税。尽管如此，中国经济依然红火得很。

有人不明白就问了：为什么过去怎么让老百姓花钱，钱就是待在银行里不出去？现在政府再怎么提高利率，老百姓照样买楼炒股作投资？难道百姓就是想和政府对着干，或者政府就是不想让百姓赚钱？其实两者都不是。

我们说，这就是宏观经济，宏观经济就是这样，它既不以某个人的意志为转移，也不以某届政府的意志为转移，更不以某个领导人的意志为转移，因为它是客观存在的。我们说，政府在经济冷的时候，要拉动经济增长，这要看全国人民是否愿意跟上，企业是否愿意去投资，我们个人是否愿意去消费，我们企业的产品能不能打入国际市场。现在政府想让经济增长慢一点：楼价别涨太高了，股价别升太过了，物价别涨太快了，这些都能以政府的意志为转移吗？政府的政策意图一定要让老百姓能够接受，如果大家都不想去做的事情，政府也无能为力。认识到这一点非常重要，就是宏观经济不以个人的意志为转移。

很多时候我们看政府在调控宏观经济，觉得政府的力量很强大。但是我们回过头去，看一看政府的日子是否也不好过？换位思考一下，如果我们自己是政府的话，是不是也很为难？政府现在有很多困难，它难在钱虽然不少但就是不够花的。为什么政府的钱不够花呢？因为它的支出大于收入。政府的支出为什么这么大呢？因为政府要养活4 000多万的公务员队伍，政府需要养军队、养公检法，政府需要扶助贫困地区，政府需要解决失业问题、解决农民问题，政府需要解决环境污染问题，政府需要解决的问题可太多了。

政府需要花钱，可它的钱从哪里来呢？政府的钱主要从税收中来。政府支出多、收入少，就会出现财政赤字。政府要让经济能维持下去，怎么办？

那就要发行国债。

什么是国债？国债跟税收不一样，它是政府向大家借钱，是大家用还没有消费的钱来买的。可是你知道吗？政府借债也是要还本付息的。国债到期的时候，政府不但要把本钱还给你，还要加上相应的利息给你。国债是政府的一个负担，它要用将来的税款来偿还。因此我们说，国债的规模必须有一定的限度，超过了这个限度就会出问题。

比如，1998年在俄罗斯就出现了非常严重的债券市场危机。政府发了很多国债，答应支付很高的利息，到最后兑现不了，还不上了。不但本国的老百姓，还有很多外国银行都买了俄罗斯的国债。结果，国家被推到破产的边缘。

再比如，1997年亚洲金融危机首先从泰国开始，紧接着菲律宾、马来西亚、印度尼西亚、韩国等一系列国家和地区都被卷了进去。很多国家在此之前借了大量外债，最后债务链条断掉，本国货币大幅贬值。2002年阿根廷金融危机，政府也是还不上外债了。当货币贬值的时候，谁最倒霉？谁来承受通货膨胀的后果？当然是由这个国家的人民去承受。阿根廷金融危机发生不到半年，阿根廷比索就贬值70%，人民承担了货币贬值带来的全部损失。在2008年美国爆发金融海啸后，2010年欧盟一些国家发生了欧债危机，有些国家债台高筑，引发罢工和社会剧烈动荡。

当我们知道了政府的难处，又看到一系列周边国家因债务危机导致国家经济崩溃的惨状，我们需要思考：为什么我们手中的人民币不但没有贬值，反而表现出升值的趋势呢？我国政府为弥补财政赤字也发了不少国债，为什么我国没有出现像上述国家那样的问题呢？因为我国政府没有采取到银行透支的方式弥补财政赤字，而是采取了发国债的方式，找大家借钱花。这是政府对国民负责任的表现。等我国企业的经济效益好了，我国经济增长速度高了，大家缴的税多了，国库里有钱时，再把发行国债借的钱还给大家。而且，我国政府发行的国债大部分是内债，就是让国内人买的债务，只有少部分是外债。所以，我们有抵御外债风险的能力。政府发国债的目的是什么呢？就是用来拉动经济增长。

政府调控经济还有一个重要手段，就是货币政策。你知道谁在管着我们手中的货币足值与否？我们手中的钱今天为什么比昨天值钱了？谁在控制货币供给的闸门？我们说，是中央银行。

当它觉得经济太冷的时候，会把水放出来，这水就是钱，也叫银根。中央银行打开货币供给的龙头，钱就会哗哗地流出来。这时，它就在告诉大家："借钱消费吧，贷款开始便宜了；借钱投资吧，资金成本已经变低了。"中央银行放钱出来，就是要把经济托起来。

同样，当它感觉经济太热的时候，就会关紧龙头，再把货币抽走。

你是否还记得1993年时的情景？那时我国经济太热了，什么开发区热、股票热、集资热、房地产热等，经济热到没法再热的地步。当年的通货膨胀率高达21.7%，等于我们手中的钱贬值了20%以上。例如，钢材的价格从每吨1 000元人民币涨到了4 000元。所有商品的价格都在飞涨，大家感觉今天不去买东西，明天手里的钱就会贬值，所以拼命地抢购商品。在这种情况下，政府怎么办？如果让经济一直热下去的话，要出大问题。于是政府动用了财政手段和货币手段，压缩基本建设规模，不允许再上新项目，压缩楼堂馆所的建设；中央银行提高利率，让大家存钱；抽紧银根，减少贷款；压缩投资，采取一系列措施减少资金供应，拧紧龙头，把钱抽走。过热的经济势头降了下来。

可是从1997年到2002年，我国经济又出现过冷现象，于是中央银行打开龙头放水，就是降低利率，让大家借钱。2003年，我国经济开始进入高速增长周期，煤炭价格在涨，钢铁价格在涨，石油价格在涨，物价指数也在涨。

当年，中国首次超越美国成为全球最大的外国直接投资接受国，规模达到535亿美元。2006年，这一数据达到700亿美元，国家外汇储备也超过1万亿美元，国内生产总值超过20万亿人民币，居民储蓄超过18万亿人民币。股票指数以上海为例，仅用一年多时间就从998点下方上升到2007年10月6 000多点的水平，部分城市地区房屋价格上涨幅度竟然超过50%，经济越来越热，中央银行不得不再次拧紧龙头，经济明显进入了加息周期。不仅加息，中国人民银行还宣布从2007年11月起上调存款准备金率0.5个百分点，达到13.5%，这是央行自2007年以来第10次调高法定存款准备金率；但是我们的经济过热依然控制不住，到2011年2月，我国法定存款准备金率已达到19.5%的历史高位，这又是央行自2006年以来第10次调高法定存款准备金率。宏观经济形势在不断变化，国家调控的措施和力度也跟着变化。

也许你会问："让我国的经济快速增长不好吗？让这架飞机一直在天上飞着不好吗？政府为什么要让它减速降下来呢？"

如果把一国经济比做一架飞机，它是不可以一直在天上飞着的，因为它需要加油、需要维修。如果让它一直飞着不着陆，那么，当它出现问题已经停不下来时，就会坠毁。这时毁灭的不仅是飞机，还有里面的所有乘客。一国经济同样如此，当经济太热时，当物价飞涨时，经济就要减速了，否则整个经济就会粉身碎骨。

所以，当经济太热的时候，政府就会采取措施压缩消费、压缩投资，把过热的势头压下来。

我们看到，政府调控宏观经济的一个基本手段是财政政策，另一个基本手段就是货币政策。

实际上，政府还有一个手段，是它的对外经济政策。比如，政府过去用"出口退税"的政策来鼓励出口。当今世界，没有一个国家可以关起门来不和其他国家发生经济上的往来，它或多或少都会有一些出口和进口，这就涉及国家与国家之间的贸易往来，也就产生了国际收支的问题。

大家都知道，中国现在拥有的是国际贸易顺差，而美国则有巨额国际贸易逆差。所谓贸易顺差，是指一国的出口大于进口，贸易逆差是进口大于出口。我们经济从新闻当中听到，或从电视上看到，美国与中国在打贸易战，它与其他国家之间也有贸易摩擦。其中一个重要的原因是，发展中国家的大量廉价商品进入了美国市场。美国使用各种办法阻挠中国对美国的大量出口，为的是保护它本国企业的利益。

请问：一个国家的对外贸易究竟是顺差好还是逆差好？很多人都认为对外贸易一定是顺差好。在这里，我们要特别强调一点，从经济学角度看，任何一件事情的结果并没有绝对的好和绝对的坏。有的只是一个选择，但任何选择都是有代价的，只能是在什么条件下和什么阶段上选择什么，才对本国经济更加有利。

例如，1993年我国经济出现低失业率和高通货膨胀率并存的现象，到2002年演变成低通货膨胀率和高失业率并存。经济学理论认为，失业率和通货膨胀率之间是此消彼长的关系。那么，我们究竟愿意承受高通货膨胀率，还是愿意承受高失业率呢？我国政府面临两难的选择，就要看在什么条件下选择什么对本国经济最有利，而且所付出的代价能够为现时社会所承受，或者将来再予以补偿。

现在分析一下，为什么美国这样的全球第一超级大国也会出现贸易逆差，而我国这样的发展中国家却出现的是贸易顺差？让我们看看当今的美国：在它的超级市场里、在它的所有商场里出售的商品多数是从国外进口的，包括我们中国生产的商品，比如，我国很多的轻工产品如手织袋、服装、玩具等都进入了美国市场，日本的很多商品也进到美国市场，如电器、汽车等。你看美国人身上穿的、手上戴的、家里用的多数都是进口货。为什么会这样呢？因为它的人均收入高，它能消费得起国外的商品，所以大量商品进入了美国。而美国自己生产出来的产品太贵了，卖不出去。它只能生产一些高科技产品以及政府补贴的农产品打向世界。像这些轻工家用产品，它竞争不过发展中国家。因此，美国进口的商品多，出口的商品少。在国际贸易上它表现为逆差，国际收支上也是逆差。

那我国为什么是贸易顺差呢？你看，我们手上戴的、身上穿的、家里用的大都是国货。在我们的超级市场里，绝大多数商品是中国产的，只有极少数是进口的。当中国人均收入在2 000美元左右的时候，还消费不起这么多外国商品，所以我们表现为贸易顺差。当然，在中国目前的国情条件下是顺差好。由于贸易的顺差，我国外汇储备已达2.8万亿美元的规模。世界第一的外汇储备，标志我们的国力在增强。

那么，美国的贸易逆差是不是就很坏呢？不完全是。当美国采取强势美元政策时，国际资金会不断流入美国来支撑其经济的时候，美国表现为贸易逆差是合适的，因为这意味着美国人在廉价享受全世界人民的劳动成果，它花很少一点美元，就可以换到别国的很多商品。但是，当美元处于弱势、美元不断贬值时，贸易逆差就是大问题了。

所以经济就是一种选择，不同的国情下所选择的经济政策和道路也是不同的。

以上所说的这些，只涉及宏观经济中的一些基本问题。其实宏观经济的内容非常丰富，提出上述问题，是为了启发读者朋友的思路，学会怎样去思考宏观经济问题。

宏观经济像什么？我们说，宏观经济就像天气一样，它不以你的意志为转移。天冷时出门你怎么办？你唯一能做的是多穿些衣服；天热了你怎么办？只能少穿衣服。

正如天气不以人的意志为转移一样，宏观经济也是客观存在的。有人说，你看我多有本事，买了股票股价涨，买了楼房楼价涨，买了煤矿煤价涨，买了金矿黄金涨。这到底是因为你个人的本事大，还是社会环境变了，让你赚到钱了呢？是宏观经济左右了你，还是你左右了宏观经济？

无论你是一国政要，还是中央银行官员，不管你是谁，都不可能左右宏观经济的大势，你唯一能做的就是顺势而为，我们每个人都如此。

要学会判断。当一则经济信息出现的时候，当听到一则消息的时候，你一定要想到：它向我传递了什么？宏观经济信息之间都是有相互联系的，比如税率问题、利率问题、汇率问题、经济增长问题、通货膨胀问题、失业问题，这些经济指标之间都有联系。当你看到政府在加大财政投入、银行降低利率向外贷款的时候，你就应该知道，这时候宏观经济已经很冷了，政府这是在刺激经济。相反，当你看到中央银行把货币的龙头拧紧，把钱抽走的时候，你就该知道经济太热了，这时你就什么都不要去做了，因为这时无论股市、汇市、楼市等都可能热过头了。如果你去买股票，可能套牢在最高点；如果你投资房地产，很可能是吞下了最后的泡沫。

如果你想了解经济形势，就要学会看宏观经济的指标。当你看到通货膨胀率如此之高，物价指数如此之高，利率如此之高，股价也如此之高，房地产等一系列行业都太热时，你就该及时收手。作为企业家，这时你就不该再做大的投资了；作为个人，你就该想，我的钱应该放在哪里才能保值；作为政府官员，你要知道该做什么和不该做什么。因为这时的经济发展太快太热了，你自己就该悄悄刹车了。

我们把一国的宏观经济比做行驶中的汽车，当经济太热的时候，政府要“踩刹车”，把速度减下来，但要慢慢地踩，猛踩会翻车的。当经济太冷的时候，政府要“踩油门”，不断地给油，往流通领域里投钱，出台政策，让大家去花钱，去消费，把经济拉起来。

既然宏观经济是客观存在，不以你的意志为转移的，那你唯一能做的就是顺应大势。比如投资实业、投资股市、投资楼市，行情如何你决定不了，你只能作出判断和选择，是进还是退。因为这些都不以你的意志为转移，你唯一能改变的是你自己。在宏观经济大潮中顺势而为，把握自己，把握你的企业，把握你的城市，把握你的国家。

我们说，如果从个体来看，中国本身就构成一个宏观系统；但是从世界范围来看，它又是世界宏观系统内的一个微观系统。所以，我们每个人都是作为国家中的一个微观个体存在着，你要了解国家宏观经济发生了什么变化。我们已经进入21世纪的第二个10年，中国人的理财时代已经来临，如果你没有宏观经济知识，你怎么能过得上你所向往的生活，怎么去投资，怎么去理财，怎么去选股票，怎么去买基金，怎么去买房置业，怎么去选择职业？又怎么能搞得好你的企业、你的城市乃至我们的国家呢？

宏观经济知识对我们太重要了，宏观经济指标之间都有联系，它们就像一副多米诺骨牌，当你看见第一张牌倒下的时候，你应该马上意识到，你身旁的那张牌也会倒下，这时你该抽身而逃，否则你将身陷其中，不可自拔。如果是机会来临，你该马上抓住，绝不能错过。同时，还要看到宏观经济的复杂性。比如，有些人担心我国的股票市场不行了，想退市；有的人却认为股市还会继续向上，大牛市才刚刚开始。这就是宏观经济，外边的人要打进去，里面的人要冲出来。对每个人来说最重要的是要了解宏观经济背后的规律是什么，宏观经济现象之间的联系是什么。一轮经济高增长之后，等待着我们的又是什么？

这里为你推开了一扇窗，推开一扇宏观经济之窗。告诉你窗外风景独好，更需要你自己去体验。至于你能看到什么景色，是冬天的白雪，还是春天的百花，是夏天的绿叶，还是秋天的硕果，完全取决于每个人的领悟能力和努力。总之，本书希望能使你对宏观经济产生兴趣，做到懂一点宏观，多一点机遇，少一点风险。

第二章　听宏观经济的故事

1776年，经济学之父亚当 · 斯密在《国富论》中阐述了那只“看不见的手”（市场）的理论，主张国家不要干预经济。他曾写道：“国王陛下，请您不要干预国家经济，回家去吧！国家做什么呢？就做一个守夜人，当夜幕降临的时候就去敲钟；夜深了，看看有没有偷盗行为，这就是国家的任务。”

但是，当西方国家经历了20世纪30年代的经济大萧条时，另一个经济学家凯恩斯说，那只“看不见的手”解决不了经济危机问题。经济这么萧条，股市这么低迷，失业这么严重，你们都没办法了，我有办法。我的办法叫“看得见的手”，就是让国家干预经济生活。1936年，凯恩斯出版了《就业、利息和货币通论》，宏观经济学就从这里产生。

在上一章，我们提出了很多需要认真思考的宏观经济问题。尽管你一定很想知道答案，但是，在你真正进入宏观经济领域之前，我先讲一个故事。相信它会带你走进宏观经济理论的殿堂，使你产生更多对宏观经济的好奇和兴趣。

人类早在两千多年前就有了哲学和社会科学，但经济学的历史却很短，它是两百多年前才产生的一门科学。

18世纪，英国出了一位大经济学家，名叫亚当·斯密。2007年3月13日，作为“现代经济学之父”，他的肖像还上了20英镑面值的钞票。亚当·斯密在1776年出版了一本书，名字叫《国民财富的性质和原因的研究》（*An Inquiry into the Nature and Causes of the Wealth of Nations*），也就是著名的《国富论》。

当斯密写完这本书的时候，他曾写道：国王陛下，请您不要干预国家经济，回家去吧！国家做什么呢？就做一个守夜人，当夜幕降临的时候就去敲钟；夜深了，看看有没有偷盗行为，这就是国家的任务。只要国家不干预经济，经济自然就会发展起来。

斯密在书中提出这样一个理论，叫做“看不见的手”。他说经济中有一只“看不见的手”，每个人在做事的时候，没有一个人想到是为了促进社会利益，他首先想到的是怎么实现自己的利益，都是从个人的利益出发去做事的。但是当他真正这样做的时候，就像有一只看不见的手在指引着他，其结果比他真正想促进社会利益的效果要好得多得多。

什么是“看不见的手”？“看不见的手”指的就是个人利益驱动，就是市场机制，即价格机制。

斯密最先创立系统的经济学理论。迄今为止，经济学界依然在谈论着这只“看不见的手”。斯密3岁丧父，和母亲相依为命，终生未娶。斯密小的时候，有一天妈妈带他到斯密的舅舅家去，把他放到门前，让他自己玩耍，然后就进到院子里去和舅舅说话。没想到这时来了一群吉卜赛流浪汉，抱起他就跑。舅舅听到哭声追了出来，一直追到20英里以外的一片森林，这群流浪汉才把斯密放下，逃远了。舅舅把斯密抱了回来。

当斯密奠定了经济学体系的基础，成为一个伟大经济学家时，传记中这样写道：“他的舅舅幸运地为世界挽救了一个天才，正是这样一个天才创造了经济学；否则这个社会将多了一名算命先生，少了一个经济学家。”

斯密之所以能成为经济学家，与他从小生长在一个小渔村里不无关系。那里有一个码头，由于贸易的发展，这个小渔村变成了一个中等城市。船员们出海回来就坐在那里一边喝着啤酒，一边谈论着国际经济贸易，以及他们在世界各地的所见所闻。斯密发现了贸易对于一个国家、对于一个地区经济发展的重要性。

斯密14岁就进了格拉斯哥大学，17岁获得硕士学位。1746年毕业于牛津大学巴利奥尔学院。他先在爱丁堡大学任讲师，1751年担任格拉斯哥大学逻辑学教授，第二年改任道德哲学教授。他因高超的教学水平和极富智慧的思辨而远近闻名。

1763年，他辞去教授职务，担任布克莱希公爵（Duke of Buccleuch）的私人教师。年薪300英镑加旅费，另外再加此后一年300英镑的津贴，开出的条件实在太优厚了！当他第二年陪着年轻的公爵踏上欧洲大陆时才发现，啊！原来英国这么落后，欧洲却如此发达。他们到了法国，去了德意志等各国，游历了欧洲，看到所有的一切。这期间，他结识了很多研究经济的学者。他拜访了重商学派，他们说商业创造价值；他拜访了重农学派，他们说农业创造价值。他自己则提出了劳动创造价值的理论。

在欧洲侍学两年半结束后，斯密回到英国，1767年他带着丰厚的报酬回到家乡。他十年深居简出，思考着一个问题：这个社会究竟是怎么运转的呢？经济究竟是怎么发展的呢？思来想去，最后他终于发现，原来这个社会的运转靠的是一只“看不见的手”。每一个人在做事时，并没有首先想到社会利益，他想到的都是如何最有利于自己，所追求的是个人利益。但当他真正这样做的时候，就像有一只“看不见的手”在拉着他，其结果比他真正想要促进社会利益要好得多得多。斯密认为自己发现了资本主义社会运转的真正内核。他异常兴奋，在屋子里来回踱着步子。

从亚当·斯密开始，人类才有了现代意义上的经济学，所以他被称为经济学鼻祖。他主张国家不要干预经济，而是让经济自由发展，让价格机制自发地起作用。每个人都会自动按照价格机制并根据自己的利益去做事，这样经济自然就会发展了。

在他的思想指引下，英国经济首先得到发展，然后是西欧，之后是美国。斯密的思想统治了资本主义世界达150年之久。在这么长的时间里，人们用他的理论来管理一个国家，政府不干预经济，让经济自由发展，政府只做个守夜人。直到今天经济学家们还在争论不休：政府究竟该不该管着经济？还是政府应该回家去？

到了1929年，我们都知道，一场空前的世界性经济危机爆发了。危机首先从美国开始，股市崩盘、企业破产、银行倒闭、工人失业、经济陷入大萧条，然后波及整个资本主义世界，各国都陷入经济大萧条之中。

有这样一个故事，说有一个银行家，一天他在路边擦皮鞋的时候，擦鞋人一边给他擦鞋，一边跟他大谈股市如何赚钱。回到家后他想，连一个擦皮鞋的人都知道股市能赚大钱了，这股市不是太热了吗？他当机立断，卖出手上所有的股票。在这场灾难中，只有他这样的极少数人幸存下来，其他的人都在这场股市大崩盘中血本无归，很多人因此跳楼自杀。

纽约饭店还流传着这样一个黑色幽默故事，说一位先生来饭店开房间，工作人员问道：先生，您是住楼呢，还是跳楼？如果是后者，请您最好住一楼。我们这里每天都有人跳下去。

这场席卷世界的经济危机太严重了，以至于没有哪个资本主义国家可以幸免。这时人们不禁要问：斯密那只“看不见的手”哪儿去了？他不是说国家不用管，经济就可以自动发展吗？怎么现在经济不能发展了？怎么失业问题解决不了？怎么银行都倒闭了？怎么股市都崩盘了？经济到底怎么才能恢复过来呢？

这时英国又出了一位大经济学家，他叫约翰·梅纳德·凯恩斯（John Maynard Keynes，1883~1946年）。凯恩斯在1936年出版了一本书，名字叫做《就业、利息和货币通论》，也就是我们说的《通论》。这本书是经济学历史上的一个里程碑。凯恩斯说，那只“看不见的手”解决不了经济危机问题。经济这么萧条，股市这么低迷，失业这么严重，你们没招儿了，我有招儿，我这一招儿叫“看得见的手”。

所谓“看得见的手”，就是国家干预经济生活。政府没钱可以发国债，用以拉动经济，刺激经济回升。他讲过一个“挖坑理论”：雇两百人挖坑，再雇两百人把坑填上，这叫创造就业机会。

你说，真的创造就业机会了吗？雇两百人挖坑时，需要发两百把铁锹；当他买铁锹时，生产铁锹的企业开工了，钢铁厂也生产了；当他发铁锹时还得给工人开工资，食品也有钱挣了。等再雇两百人把坑填上时，还得买两百把铁锹，还得开工资。

他举这样一个浅显的例子，是想说明当一国经济萧条时，政府不是没办法，政府应该出来做点事，用这只“看得见的手”，通过发国债的方式把经济从大萧条中拉出来。

国家用经济学理论指导干预经济生活的历史是从凯恩斯开始的，由此经济学理论从微观走向了宏观，从个量分析走向总量分析，所以宏观经济学是从凯恩斯开始的。

说到凯恩斯，有很多传奇故事。他是个数学神童，成绩非常好，获得剑桥大学奖学金，1902年进入剑桥大学国王学院数学系读书。可是当第一学期上下来后，他没能考上第一名，才发现自己并不是什么神童。他想，既然自己不能名列第一，就决定不做数学家。那做什么好呢？就去当文官吧，可以周游世界。于是，他决定选择走文官之路。

英国的文官考试非常严格，当凯恩斯作出这个抉择时，他要去旁听很多课，通过考试才能取得文官资格。他有幸旁听了英国另一个伟大的经济学家阿尔弗雷德·马歇尔（Alfred Marshall，1842~1924年）的“经济学原理”（Principles of Economics）课程。马歇尔是微观经济学的集大成者、著名的教授。凯恩斯坐在后面旁听，同学们也没有注意到他，教授也没有注意到他。

但是当他把考卷交上去之后，马歇尔教授突然发现了这个天才。马歇尔在答卷上这样写道：“这是一份非常有说服力的答卷，深信你今后的发展前途，绝不仅仅是一个经济学家！如果你能成为伟人的经济学家，我将深感欣慰。”

当时凯恩斯才18岁，一个大经济学家竟然对一个初出茅庐的年轻人作出这样的评价，说如果你能成为伟大的经济学家我将深感欣慰。颇有讽刺意味的是，当他去参加文官考试时，各科的成绩都是A，只有经济学不及格，他还是名列第二。他非常生气地说：“典考官的经济学水平怎么能看出我经济思想的光辉呢？”

由于经济学成绩不及格，文官考试他还是名列第二，结果没有去成英国财政部，而是被派到印度事务部。没想到正是这第二名造就了他，使他亲眼看到第一次世界大战爆发时英国政府没有钱，拿什么去打仗呢？他看到了政府债券是怎么产生的，债券是怎么发出的，战争怎么打完了，钱是怎么回来的，他目睹了整个发债的过程。

战争结束以后，马歇尔还记着这位有经济学天赋的年轻人，把他请回剑桥大学做了经济学讲师。他从事经济学的教学和研究工作，目睹了1929年席卷整个资本主义世界的经济危机。这时，所有的经济学家都没有办法了，他说：我有办法，这就是“看得见的手”，就是国家宏观调控。

当经济不景气的时候，国家可以加大财政赤字、发行国债，把经济刺激起来，即政府运用宏观调控的手段解决经济问题。凯恩斯认为供给不会自动创造需求，政府要去刺激需求、拉动经济，靠“看得见的手”、靠国家干预来解决社会的经济问题。

正是从凯恩斯开始，西方国家的经济真的在他的理论指导下开始复苏。美国从富兰克林 · 罗斯福总统开始，采用了凯恩斯的国家宏观调控理论，建了很多基础设施，修了很多铁路，铺了很多公路，使美国从经济大萧条中走了出来。

正是从凯恩斯开始，人们看经济问题也从微观转向了宏观，从个量转向了总量，国家大规模干预经济生活的历史从此开始。凯恩斯的思想带来了资本主义经济的又一次繁荣。美国、英国和整个西方世界从经济衰退中走了出来，出现了从20世纪40年代到70年代经济的蓬勃发展。第二次世界大战以后，西方各国政府都开始对经济进行宏观调控。

20世纪70年代的世界同今天的世界有很多类似之处。2003年，美国发动伊拉克战争，这里有石油的因素，当然还有其他的政治原因。而我们关心的是经济问题，由于战争的威胁，油价经过了一轮剧烈的上涨。20世纪70年代中东这些国家一致决定不能那么便宜地卖出石油，石油输出国组织（OPEC）两次联合提高油价，致使美国的油价竟然上涨了4倍。

石油和粮食一样重要，因为它是工业社会的血液，每个人都离不开油。所以当油价上涨之后，所有的物价就会跟着上涨，石油已经是生活中不可缺少的一部分了，油价上涨的时候，物价就上涨；物价上涨，货币就要贬值。所以在20世纪70年代两次石油危机之后，油价飙升，物价飞涨，政府再继续刺激经济时，经济并没有实质增长，只是物价在上涨，通货膨胀来了！

这时其他经济学家开始说凯恩斯的这套理论也不灵了嘛！国家用这只“看得见的手”进行宏观调控怎么也不行了呢？当政府大量投资的时候，经济没刺激起来，物价先涨上去了。西方国家的经济出现了经济停滞伴随通货膨胀的怪现象，人称“滞胀”。

所以，没有任何一种经济学理论是常青藤。这时候，很多经济学派应运而生，比较著名的是货币主义学派，其代表人物名叫米尔顿·弗里德曼（Milton Friedman，1912~2006年），他说，都是你凯恩斯的赤字财政政策惹的祸，没有你的理论，经济会有通货膨胀吗？弗里德曼开出的药方是：经济发展多少，货币就增长多少，只要控制住货币供给量，就不会有通货膨胀。

在里根任美国总统期间，有人建议他，你别刺激需求了，你去增加供给吧，经济就会发展起来，结果就出现了一个供给学派，当然还有新制度学派、福利学派等。

在经济发展出现问题的时候，就会有人去研究它，就会提出新的理论，然后去解决这个问题。直到今天，如果你走进书店，你会发现经济类书籍，琳琅满目，面对这么多学派的书籍不知从何下手。但实际上经济学只有两派，一派就是我们说的新古典经济学，那只“看不见的手”；另一派就是新凯恩斯经济学，这只“看得见的手”。这“两只手”简直就像我们的左右手。两个学派一直在争论，究竟该用这只手还是该用那只手。

20世纪90年代以来，各国经济都出现了不同的发展趋势。比如说欧洲经济经历了十年的低谷，欧元在向上升；进入21世纪，欧洲经济出现问题，欧债危机面临难题，欧元走势迷雾重重。日本经历了十年的经济不振，21世纪来临后，依然在低谷中徘徊。美国经历了20世纪90年代的经济高增长，在2001年发生“9 · 11”恐怖袭击事件，2008年爆发金融海啸之后，美国经济明显陷入了衰退。而我们中国的经济呢？自1978年改革开放三十多年以来，步入了上升通道，最近几年经济年增长率都达到了10%。在当今世界上，没有哪一个国家不在宏观经济问题上费思量，没有哪一个国家敢说它的宏观经济没有问题。

宏观经济对于任何一个国家来讲，都是一个难题。日本经济曾经在20世纪七八十年代每年以10%的速度增长，一直以世界第一的速度在发展。日本的汽车、家电，日本的所有东西，都向世界各地出口。而1989年经济泡沫破裂以后，日本经济一直在走下坡路，至今仍在进行着艰难的产业结构调整。日本的经济整整失去了20年，中国在2010年GDP总量超过日本。

这些年来日本的银行利率趋近于零，我们把它称为零利率。都这么便宜了，日本人怎么不去借钱呢？都接近零利率了，大家还去存钱，都不去借钱。因为无论借钱去办实业，借钱去炒股票，借钱去做什么，都很难赚到钱，所以，他们不去借钱。当经济一直疲软的时候，你不要轻举妄动，你动的时候经济有可能继续下降。

有经济学家给日本政府支招儿，让日本政府给国民10%的通货膨胀预期，看他们花钱不花钱！日本政府对此一直非常慎重，不敢轻举妄动，因为当真正的通货膨胀来临，经济出现失控时，无论对政府还是对国民，都是一个灾难。

当今世界，没有哪一个国家敢说它把宏观经济问题解决好了，比如说失业问题、通货膨胀问题、通货紧缩问题、经济放缓问题、债务问题、赤字问题、金融风险问题、股市泡沫问题等，这一系列问题都在探索之中。

因此，宏观经济学还是一个不成熟的学科，我们将有幸融入宏观经济的大潮之中，和这门年轻的学科一起成长。

第三章　一国经济是怎样平衡的

刚毕业的大学生也许会问，怎么我一毕业就找不到工作了？有些企业家在问，怎么我刚要购进原材料，它就涨价了？我们到哪里去找寻答案？

宏观经济学研究经济总量和总量之间的相互关系。那么，一国经济究竟是怎样平衡的？为了平衡一国经济，政府每天忙来忙去，不是在动总需求，就是在动总供给，它力图使总需求和总供给达到平衡。如果总供给和总需求还不平衡，怎么办？这时，市场会用价格找平。

当你看到价格指数在向上升的时候，就知道经济渐渐热起来了，这时总需求超过了总供给，通货开始膨胀了；当你看到价格指数向下降时，就知道经济开始变冷了，这时总供给超过总需求，通货开始紧缩了。要学会看一个重要指标，就是价格指数。

现在，我们的脑子里已经装进了一大堆的问题，并通过一连串的故事，开始对宏观经济产生了兴趣。接下来，到了我们要层层揭开宏观经济神秘面纱的时候。

既然是宏观经济，我们先来看看一国经济当中最宏观的东西是什么，它无非是一个国家经济的运转，那么，它究竟是怎么转起来的呢？用宏观经济学术语来说，一个国家的经济，究竟是怎样平衡的呢？

我们先了解一下，宏观经济学究竟在研究什么？宏观经济学研究的是经济总量和总量之间的相互关系。我们来看一些简单的例子，比如，我们看到现在失业的工人不少，甚至有些大学生一毕业就找不到工作，为什么？作为个体，我们常常不好理解，读完四年大学，好不容易拿到文凭，怎么就找不着工作了呢？政府干什么去了？我工作了这么多年，现在怎么就下岗了呢？诸如此类的问题很多。但是如果从总量来观察，我们就会发现，问题的根源在于这个社会的劳动力供给太多了，而劳动力的需求却不足，所以劳动力总量过剩了。当然，如果这时人们想要高工资，原则上是不可能了，因为劳动力供给太多，还有更便宜的劳动力在等着这份工作呢。

企业家在想："过去厂里生产出来的东西，就愁卖不出去，现在怎么卖这么火，而且原材料还在不断涨价呢？"这时，企业家们看看物价指数就会知道，不只你一家产品的原材料在涨，整个行业都出现了供不应求的现象。因为需求太旺，供给不足，所以原材料都在涨价。

宏观经济研究什么？研究总量问题，如总的经济增长率、总的就业率、总的价格指数、税率、利率、汇率、经济周期等。当其中某个指标发生变化的时候，我们就会作出相应的分析和判断。当看到物价指数一直上升的时候，我们想到可能经济太热了；当看到利率不断提高的时候，会想到原来赚到的钱当中的一部分要交给银行了；当看到股价指数很高的时候，可能想到在股市赚钱容易了，但股市的风险也加大了。宏观经济学就是研究总量和总量之间的相互关系，通过这些指标让人们看到宏观经济的变化。如果你了解这些宏观指标之间的相互关系，你就可以判断出你该做什么以及怎样做。

那么，一个国家的经济是如何平衡的呢？上一章我们曾提到的经济学家凯恩斯说：宏观经济太复杂了，涉及的内容太多了，让我来设计一个模型吧。把一国复杂的宏观经济部门抽象出来，用一个模型来表示，大家一看就明白了，这就是简单的凯恩斯模型。

凯恩斯说，一国的宏观经济中有两个部门，第一个部门是家庭，第二个部门是企业。家庭出卖劳动，到企业去做工，挣来钱去购买企业生产的产品；企业生产出产品，把产品卖出去，收回钱来继续生产。一国的宏观经济要想平衡，要想正常运转，它的条件是：家庭挣的钱全花了，企业生产的产品全卖了，这样宏观经济就能够正常运行了。

我们知道，两部门宏观经济平衡的条件是：家庭挣的钱全花了，企业的产品全卖了，经济就能正常运转了。我国宏观经济的现实问题是：家庭挣的钱没都花出去，企业生产出的东西也没都卖出去。那么，我国的宏观经济还能正常运转吗？

凯恩斯又说，现实经济中没有一个家庭会把挣来的钱都花出去，他们会把一部分钱花出去，把另一部分钱存起来。从企业来讲，它也不可能一直维持简单的再生产，它想扩大再生产时就需要投资。家庭不花的钱存进银行，有了储蓄；企业扩大投资时找银行借钱，有了投资。宏观经济中出现了储蓄和投资，只要企业的投资等于家庭的储蓄，宏观经济也能正常运转。

所以，宏观经济平衡的最重要条件是：储蓄等于投资。

凯恩斯说，如果要让两个部门的经济运转起来，储蓄一定要等于投资，如果一国的储蓄大于投资，经济就出了问题。银行有多少储蓄，企业里就有多少商品库存。所以，在经济不景气时，政府就希望人们把储蓄的钱拿出来消费，只有大家花钱，经济才有希望增长。反之，在经济过热时，政府希望人们少消费，让钱回流到银行。

当储蓄大于投资的时候，通货就在紧缩，因为东西卖不出去，企业只能降价卖、保本卖，甚至最后赔本也得卖。当投资大于储蓄的时候，大家都想赚钱，这时需求多了，东西少了，物以稀为贵，商品就能卖高价，这就会出现通货膨胀。因此，前者表现为通货紧缩，就是钱越来越值钱；后者表现为通货膨胀，就是商品越来越值钱。

因此，在凯恩斯的宏观经济模型中，两部门经济要想正常运行，平衡的条件是储蓄一定要等于投资。

凯恩斯还说，任何一个国家的经济，都不能没有政府，否则社会将陷入混乱状态。所以，在他的模型中，要加入一个部门，这就是政府部门。政府怎样才能生存呢？它需要有收入。大家缴税给它，政府用它支付公务员的工资，维持政府的生存，还有国防、公共教育等，维持它们所需要的费用。把政府部门加入到这个模型当中，宏观经济的平衡条件是：财政收入等于财政支出。

当我们每个人拿到收入时，要缴个人所得税；企业有了收入，要缴企业所得税，还要缴企业增值税等。当大家把这些钱缴给政府，政府有了收入后，就要把钱花出去。这样，整个宏观经济才可能正常运转。

如果政府的财政收入不等于财政支出的话，就会出现财政赤字，或者出现财政盈余。现在，出现财政赤字的国家可谓比比皆是。也就是政府财政收入的少支出的多，收进的钱还不够开支的。减少财政赤字，是大多数国家政府面临的头号难题。

凯恩斯最后说，在这个宏观模型中，还要加一个国外部门。他说，现在没有一个国家的经济可以封闭起来，既不出口也不进口。无论多么原始的国家，它都或多或少有一些出口和进口。所以，在模型中又加入了一个国外部门，这就有了出口和进口。当国外部门加入进来时，宏观经济平衡的条件是：出口等于进口。

如果出口大于进口，就会出现贸易顺差。出口的多，进口的少，赚到的钱多了，外汇自然流进来，就像现在的中国一样，表现为贸易顺差。如果一国的进口大于出口，它出口少，进口多，就会表现为贸易逆差，就像现在的美国一样。无论贸易顺差还是贸易逆差，都是宏观经济不平衡的表现。

上面分析了两部门的经济，家庭的收入一定要等于企业的产出；如果家庭不花的钱存入银行，企业到银行去借钱，那储蓄一定要等于投资；政府部门出现之后，政府的收入一定要等于政府的支出；国外部门出现后，一个国家和外国发生经济贸易往来，它的出口一定要等于进口。凯恩斯说：分析到此为止，我的模型中有四个部门，即家庭、企业、政府和国外部门。

经济生活有两个方面：一面是供给，另一面是需求。对于宏观经济来说，就是总供给和总需求。一国宏观经济究竟是怎样平衡的呢？我们来理清一下思路。这个问题比较抽象，就是企业生产的消费品，加上储蓄，加上政府的税收，再加上进口，构成总供给；它一定要等于人们的消费，加上人们的投资，加上政府的支出，再加上出口，构成总需求。

家庭的收入等于企业的消费品，储蓄等于投资，财政收入等于财政支出，出口等于进口。这就得到一个简单的公式：

总供求平衡：

消费品+储蓄+财政收入+进口=消费+投资+财政支出+出口

用字母来表示，就是：

$$C+S+T+M=C+I+G+X$$

公式左边代表总供给，右边代表总需求，两边一定要相等；如果不等，宏观经济就不能平衡发展。所以，凯恩斯在20世纪30年代就提出了这样一个模型，这8个字母把一国复杂的宏观经济表露无遗，全部囊括其中。

那么，你可能要问了，在我国现实的经济生活中，储蓄不等于投资，政府的税收不等于支出，出口也不等于进口，那么，宏观经济还能运行吗？凯恩斯认为，每对指标不必个别相等，只要它们的总量加起来两边相等就可以了。当你把钱给了政府，政府一定要把这笔钱花出去；当你把钱存入银行，银行一定要把它贷出去，否则经济就不能发展。

政府每天都在做什么呢？政府宏观调控一定要让总供给等于总需求。供求公式的左边代表总供给，右边代表总需求，就像人的左手和右手，这二者一定要相等，可是现实中它并不总是相等。于是，政府调控经济要做的事，不是动左手就是动右手，让总供给等于总需求，设法求得经济的总量平衡，从而保证其健康发展。

具体来看，如果一边有很多产品在仓库里压着，另一边有大量资金在银行里存着，怎么办？这时候政府就要着手解决这些问题。

政府就要动右手，它要在需求上做文章。政府刺激消费，告诉大家：你们去消费吧，住房可以贷款了；去买车吧，买车可以贷款了；让孩子去上大学吧，上学也可以贷款了；都去贷款消费吧！政府刺激投资，发国债，扩大基础设施建设，使水泥的需求上来了，钢材的需求上来了，修路的劳动力需求上来了；政府还刺激出口，给出口企业退税，拓展外需空间。

政府为什么这样做？因为过去我国有太多的供给在那里放着：商品压在仓库里，积压越来越多；大量劳动力过剩；总供给大于总需求，经济转速越来越慢。所以，政府在刺激总需求，消化多余的总供给，使总供给等于总需求，让宏观经济平衡发展。

经历过1993年经济过热的人都知道，那时的需求特别旺，供给却显得不足。钢材价格从1 000元1吨涨到4 000元1吨。由于需求过度，大家都去抢货。物以稀为贵，谁出的价高，商品就归谁。

所以，从1993年开始，各级政府努力压缩总需求，增加总供给。到1996年，我国政府成功地控制了通货膨胀，宏观经济实现了软着陆。

但是，经济发展一刻也不会停止在我们满意的时刻。从1997年开始，我国政府又遇到了新难题：总供给超过了总需求，需求不足、供给过剩、物价指数走低，出现通货紧缩的迹象。怎么办呢？我国政府在这几年里加大刺激总需求的力度，开始鼓励人们消费，出台政策鼓励厂家扩大出口，同时加大政府的财政支出，扩张经济规模。当政府的钱不够用时，就发国债，让老百姓买国债。大家不花钱，政府先替大家花，以后政府有了钱再偿还给大家。

政府花了钱，就能够增加需求，把社会多余的供给消化掉，让总供给和总需求达到平衡。从1997年到2002年，我国政府都一直这样做。

到了2003年，我国经济从衰退中走了出来，进入高速增长阶段，这时的总需求开始超过总供给，国内煤炭价格从120元1吨涨到360元1吨，国际原油价格从30美元1桶涨到2007年末的接近100美元1桶。房价在涨，股价在涨，食品价格在涨；直到2011年中国经济依然在一片“涨声”之中。

如果总需求控制不住，物价指数就会不断攀升。当通货膨胀失控时，人们会产生心理恐慌，会抢购商品，会到银行挤兑，整个经济就会陷入一轮恶性循环之中，大好的经济增长形势就可能被断送。

说了这么多，其实就一句：政府对一国宏观经济的调控，就是让总供给等于总需求。如果政府调来调去就是摆不平，不是需求不足，就是供给过剩，宏观经济实在达不到平衡怎么办？一句话：**价格找平！**

当一国宏观经济不平衡，需求太多、供给不足时，人们是不愿意把钱存在银行里的，因为担心钱会越来越不值钱。所以不是拿去投资，就是增加消费，结果物价指数就会攀升；反之，当供给过多、需求太少时，人们都愿意把钱攥在手里，存在银行里，就是不肯花出去。不管政府怎样刺激需求，使出什么高招儿，老百姓就是不花钱，这时怎么办？宏观经济怎么平衡？只能用价格来找平。

当你看到价格指数向上升的时候，你就知道经济开始回暖，总需求超过了总供给，通货开始膨胀了；当你看到价格指数向下降时，你应该知道经济开始变冷了，这时总供给超过总需求，通货开始紧缩了。

政府对宏观经济的调控，就是在总需求和总供给上做文章。它不是在刺激总需求，就是在增加总供给。不过，政府动总需求相对容易，动总供给相对困难。因为动总需求，政府只要出台政策就能马上刺激消费，刺激投资，增加出口，但是动总供给却不那么容易做到。比如想增加钢材产量，先要找原材料，再去买设备，然后培训工人，再快也得一年半载才能投产。所以，动总供给这块很难，它需要一个周期，动总需求见效相对较快。因此，一国政府在短期内调整的是总需求，在长期内调整的是总供给。如果总供给和总需求都调整不好，就用价格来找平。

读者朋友，如果哪一天你看到物价指数上升了，说明经济开始回暖了；哪天看到企业的利润增加了，说明经济开始起来了；哪天看到股市回升了，说明经济开始热了。一国经济的总供给和总需求是否平衡，通过物价指数就可以反映出来。当你看到价格指数开始平稳运行，既没有通货膨胀，也没有通货紧缩时，那你就应该知道，宏观经济趋于平衡了。

第四章　GDP就是国内生产总值

说到一国经济，自然要提到经济总量。那么，用什么来计量一国经济的总量？ 用GDP。用什么来衡量国家之间贫富的差距？用GDP。用什么来衡量各国人民生活水平的高低？用人均GDP。

什么是GDP？ GDP就是国内生产总值，它指的是一个国家或地区的所有常住单位在一定时期内（通常为一年）所生产和提供的最终产品和劳务的价值总和。也就是说，一个国家或一个地区在一年内究竟创造了多少新的物质财富。当我们知道了GDP=总消费＋总投资＋净出口时，我们就清晰地看到了政府拉动经济增长的三驾马车：刺激总消费，加大总投资和鼓励出口。

了解一国经济如何达到平衡之后，随之而来的一个问题是我们如何描述一国的经济总量，使我们对一个国家的经济实力可以有一个大致的了解。我们用GDP来描述。在大量经济信息中，你会经常听到我国经济增长速度达到百分之多少，这说的就是GDP增长速度。我们也常听说，我国今年的GDP又突破了多少万亿元人民币。什么是GDP？GDP就是国内生产总值（Gross Domestic Product）。它指的是一个国家或地区的所有常住单位在一定时期内（通常为一年）所生产和提供的最终产品和劳务的价值总和。也就是说，一个国家或一个地区在一年内究竟创造了多少新的物质财富。

都说美国是全球经济实力最强的国家，以什么为依据呢？就是美国的GDP。又说中国是发展中国家，依据到底是什么？是用中国人均GDP水平来衡量的。国与国之间实力的比较，贫穷与富裕的比较，是用GDP来衡量的。

美国经济学家保罗·萨缪尔森（Paul Anthony Samuelson，1915~2009年）说："GDP是20世纪最伟大的发现之一。"这一点确实不假，如果没有GDP这个发现，我们就无法将国与国之间的经济实力进行比较，也不能得出发达国家为什么富、发展中国家为什么穷的结论。

从2003年到2010年，我国已经连续7年保持10%左右的增长速度，GDP超过39万亿元人民币，令世界瞩目。现在全世界都在关注中国经济，关注中国经济的增长，中国已经成为世界经济的一个引擎。

我们说，GDP就是国内生产总值。那么，国内生产总值是如何定义的，它是怎样计算出来的呢？

打个比方，GDP就好比我国在一年内做了一块多大的蛋糕。我们用房间来做比喻：我国人民在这块国土上，一年内生产了一间房这么大的1块蛋糕；而美国生产了多大的蛋糕呢？它生产了5块这么大的蛋糕；日本生产也是1块的蛋糕。这里的蛋糕，代表的是每个国家一年生产的经济总量GDP，也是一国经济规模的大致比较。

我们把这块经济蛋糕做出来了，它是一国在一年内新创造的财富。那么，接下来的问题是，这块蛋糕是如何组成的呢？也就是说，GDP是如何构成的。

从收入的角度看，GDP由四块构成：第一块是固定资产折旧。例如，当我们投资企业的时候，购买了100万元固定资产，年折旧率是10%，每年就有10万元的折旧费；第二块是劳动者报酬，这是给所有工人、农民、其他劳动者的工资；第三块是政府的净税收，也就是全国人民缴的税中由政府支配的部分；第四块是企业盈余，也就是企业赢利的部分。这是我们计算GDP的一种方法，也叫分配法。

当GDP构成人们的收入之后，又是如何花掉的呢？也就是说，GDP是怎么支出的？这是计算GDP最经常使用的方法。从支出的角度看，GDP由三部分组成：总消费、总投资、净出口。

计算GDP有三种方法：生产法、分配法和支出法。通常比较容易理解和应用较多的是支出法。

首先，GDP的一部分是大家的消费，另一部分是人们的投资，此外还有一部分是外国人买的我们的产品，也就是我国的出口。出口记入本国的GDP。

消费和投资这两部分好理解，而出口为什么算做本国的GDP？当我们把产品输出去的时候，外国人买了我们的产品，外汇流入本国的企业，这样，我们的蛋糕就做大了。反之，本国的进口同样做大了别国的蛋糕。所以我们在计算GDP的时候，要计算净出口，就是出口减去进口后的净值。

既然从支出的角度来看，总消费、总投资、净出口这三部分构成了GDP，由此我们就得到一个清晰的计算公式：

GDP=总消费+总投资+净出口

公式中这个“净”字，表示出口减去进口。宏观经济常常出现一个“净”字，例如，一国出口1 200亿美元，进口1 000亿美元，那么，出口多出的这200亿美元就记入该国的GDP。

因此不难理解我国政府为什么一直刺激出口，因为出口会增加我国的GDP。我国加入世界贸易组织（WTO），就是希望把更多的中国产品打进国际市场。所以，政府总是在鼓励出口，曾经采取出口退税的政策，给出口企业很多的优惠条件，让更多的产品出口到国外，把我国GDP这块蛋糕做大。

进口意味着我们的钱流走了，构成别国的外汇，构成他们的收入。如果中国人开的车都是美国的福特、德国的奔驰，都是外国生产的汽车，我国的GDP就会缩小了；只有把我国的产品打向世界各国的时候，我国的GDP才会做大。

这就是各国为什么在国际贸易上竞争的原因所在。当世界各国的生产力越来越发达，商品越来越丰富，乃至出现大量生产过剩的情况下，加大本国商品出口力度，积极参与国际竞争，赚取外汇为本国经济输血，就成为很多国家振兴经济的重要手段。

让我们看一个例子。1997年东南亚爆发了金融危机，东南亚各国货币相应贬值，这些国家的商品变得非常便宜。比如当韩元贬值以后，韩国的钢材价格几乎等于我国钢材价格的一半。因此，货币贬值给遭受金融危机的东南亚国家带来危害的同时，也为它们提供了有利于出口的机会。当时我国政府出于种种考虑，保持了人民币币值的坚挺，没有使东南亚货币贬值风潮雪上加霜。

但是，由于人民币不贬值，我国的出口商品失去了相对的国际价格竞争优势。在这种情况下，我国政府实施了刺激内需的政策，把经济增长的重点放在了国内，不断鼓励人们消费，不断加大基建投资。在2008年，美国爆发金融危机，美元开始贬值，人民币处于升值状态，我国的出口就遇到了难题。

这里，我们可以看到一个非常清晰的脉络，就是政府拉动经济增长有三驾马车：一是刺激总消费，二是加大总投资，三是鼓励出口。要做大一个国家的经济总量，增强一个国家的整体经济实力，政府就在这三驾马车上做文章。

GDP说起来宏大而抽象，但它却有非常现实的应用价值。比如，我国加入世界贸易组织时，争议时间最长的内容之一就是我国究竟是以发展中国家的身份加入，还是以中等发达国家的身份加入？依据什么来判断呢？依据我国的人均GDP。2001年时我国人均GDP不足1 000美元，属于发展中国家定义范围之内。如果我国不是以发展中国家的身份加入世界贸易组织，我国就没有相应的优惠条件，也没有5年时间的过渡期，并且还要承担与国家实力不相符合的国际义务。而争取到5年的过渡期，对处于转型中的我国来说是十分重要的。

关于GDP是如何统计出来的，总是有人误解甚至怀疑我国统计数据的真实性。有些简单的问题，你可以想一想，我国在计算GDP的时候，在计算这块蛋糕有多大的时候，农民那一块算进来了吗？我国有9亿农民，他们种的粮食计入我国GDP的总量了吗？

这个问题很多人不明白，以为没有计入，实际上9亿农民吃进肚里的粮食都算进GDP中了。每个农民在这一年当中，比如说一个月吃30斤粮食，一年要吃360斤粮食，这些都以市场价格的形式被计入了GDP。

但是，农民在房前屋后种的菜和葱计入了吗？养只鸭、养只鸡都计入了吗？这些不好计入。所以，我国GDP统计中存在遗漏的一些方面，有好多数据统计不上来。

比如，我国现在城市居民富裕了，很多家庭请了小时工帮助做家务。目前我国从事家政服务的人员不少。但是，这些劳务都没有计入GDP，这是很大的一块。如果在西方发达国家，凡是到别人家庭从事家政服务的人员，必须先去政府机关登记，填一张税卡，然后才可以去做工。国外这块劳务就计入了GDP，我国这一块暂时还没有计入。

家政劳务创造了一国GDP，我国由于没有计入，就表现为GDP总量小，人均GDP水平低。由于部分农民吃菜这块也没有计入，同样表现为我国GDP总量和人均GDP水平偏低。将来这些都会逐步纳入GDP的核算范围。

这样一来，表现出来的是，我国GDP总量小，人均GDP水平也低，而实际生活是相对富裕的。从GDP的总量来看，中国已经超越日本，占到世界第二位，仅次于美国。这么大的经济总量被13亿人口一分，人均GDP就不多了，虽然到2010年我国人均GDP已经达到3 800美元，但还是排在全球100位后。

尽管我们看到中国现在的经济增长速度很高，但同时也要看到，我国经济总量的基数不大，2006年我国的人均GDP仅有2 000美元，而2006年美国人均GDP为44 190美元，日本接近4万美元，大约都在我国20倍的水平。虽然近两年中国经济在飞速发展，但是和发达国家人均GDP的差距还很大。那么，怎样才能把我国的GDP蛋糕做大呢？

这里，重要的是要增强经济竞争力，还要在加大资源利用效率上做文章。

无论是企业家还是政府官员，都要想方设法，把企业的价值链做长，把经济的价值链做长，把产品的附加价值做大。

举两个简单的例子，一个是观察我国的农村生活。农民吃的东西很少有从超市买的。他们都是自己动手做，先是种出麦子，磨成面，然后自己在家里做饭吃。从地头摘来的菜，马上就下锅了，根本不用去买。所以我国9亿农民大多数人吃饭的价值链条就非常短。我们再来看美国的农民，如果他是一个农场主，打下麦子自己不磨面、不烤面包吃。他们从市场把面包买回来吃，黄油、蔬菜也是买的。这样一来，他们的价值链就做长了，GDP的总量也放大了很多。

美国农民是先把小麦种出来，然后送进面粉厂加工，面粉加工出来又进入面包厂，生产出面包又进入超市，超市再把它卖出去，这其中每一个环节上，GDP都在增加。你看，光是吃的这个链条有多长，价值增值有多少？

我国之所以一年只生产出一个房间这么大的GDP蛋糕，就是因为我国产品的价值增值链条太短了。我们只做了一道工序，农民的粮食从地里收回来就已经到嘴边了；然而一个成熟的工业化社会都有一个产品价值不断增值的过程。所以，如果你做企业，一定要把价值链做长，让它们增值。企业家怎样把企业做强做大，政府官员怎样把城市的绿色GDP做大，中央政府怎样把我国的GDP总量做大，就是要把产品和服务的价值链不断延长。

让我们再看一个工业产品的例子。大家知道，芭比娃娃是世界上有名的玩具，它是美国的品牌在中国加工生产的。芭比娃娃在中国加工的成本是多少呢？只有0.75美元；然后，它在香港通过转口、运输等环节，加价1.25美元；到了美国，经过广告宣传、分销等运作进入超市，卖10美元。也就是说，美国在广告费、营销费、品牌费等环节上，总共赚取了8美元。

芭比娃娃的生产环节是最费时间、最费材料、最费人力的，它本该体现最大产值，可结果却不是这样，生产环节只拿到0.75美元。通过这个例子我们看到，企业不仅要把产品和服务的价值链做长，还要看到一件产品从生产者到消费者手中哪个环节的附加价值最大，哪个环节最赚钱。企业应该设法占据最有附加价值的环节。

当我们每个人、每个企业家和政府官员都在思考怎样做长产业价值链、怎样增加产品与服务的附加值时，我们国家的经济发展就快了，GDP增长就多了，人均收入就上来了，整个国家就富强了。

第五章　经济增长与和谐发展

什么是经济增长？经济增长对我们来说，真的有这么重要吗？

我们知道，美国的人均GDP 4万美元，日本的人均GDP也约4万美元，中国2010年末的人均GDP达到3 800美元。面对10倍多的差距，我们别无选择，只有依靠健康持续的经济增长。近30年来中国确实进步了，人们的经济状况确实改善了，生活水平确实提高了，大家有了更多的自由和选择。但是，这种经济增长带来了人与人的和谐、人与自然的和谐吗？如果经济增长以破坏环境为代价，那后果是什么？如果中国的贫富差距悬殊，那社会能够安定吗？所以，经济增长的同时更要重视和谐发展。

2003年以前，受1997年金融危机后全球形势的影响，中国经济处于失业率高、消费不振、通货紧缩的经济环境中，国家经济发展以强调增长为主线。2004年以后，中国进入了加速上升的轨道，经济形势在各个领域都发生了明显变化。外资进入加速，资源价格猛涨，经济显现出过热景象，以及社会贫富悬殊加大，这些成为我国需要面对的新问题。在这样的经济转折时刻，这些现象给我们同时传递了两个重要的经济含义：一是经济增长是提高人们生活水平的重要手段；二是一个社会、一国经济乃至全球经济和谐地平衡发展，才是人们最终获得幸福生活而不只是富裕生活的重要保障。

因此，我们一方面要了解经济增长的重要性和手段，另一方面更要适应经济形势不断的变化与发展，推动一国经济和谐与平衡发展。

所谓经济增长，就是在一年内这个国家的经济总量增加了多少。例如，我国GDP每年增长10%，说的就是经济增长。比如，去年我国的新增经济总量是1间房这么大的蛋糕，今年这个蛋糕变大了，多出的部分就是经济增长的量，就是我们说的经济增长的那个10%。

难道去年那么大的蛋糕不够吃吗？政府为什么要保证GDP不断做大、不断增长呢？

我们曾经比喻，中国的GDP蛋糕有1间房这么大，美国的GDP有5间房这么大，日本的GDP只有1间房这么大。但我们不要忘了，这三块不同的蛋糕分别有不等的人口在分食。中国是13亿人在分，美国是3.5亿人在分，而日本则是1.25亿人在分。分下来的结果如何呢？美国人均GDP约4万美元，日本人均GDP约4万多美元，中国则只有3 800美元。相比之下，中国和美国、日本之间的人均GDP的差距是10倍！ 10倍是一个什么样的差距？我们要提高人民的生活水平，要缩短与发达国家的差距，我们别无选择，只有依靠健康持续的经济增长，保持一定的经济增长速度，才有可能做到。

当提到中国经济有10%的高增长率时，我国的老百姓常常会产生这样或者那样的疑惑。比如有些人问：既然我国有这么高的经济增长率，怎么我毕业后找不到工作？有这么高的增长，怎么我的工资不见涨呢？其实，这就是宏观和微观的问题。

我们中的一些人，确实会有这种感受。你知道吗？整个国家的经济增长，并不意味着每个个体的收入都会同步增长，就像我们常看到富人越来越富，穷人越来越穷；高增长的行业前途越来越光明，夕阳行业越来越惨淡一样。比如中国的电信、石油、煤炭、银行、保险、信息技术等行业，甚至每年以30%以上的速度在增长。然而，那些失去竞争力的个人、企业和行业却非常不景气，并且这些弱势群体往往在数量上又占据多数，这就容易给人造成一种错觉，就是感觉不好的人越来越多了。特别是城乡之间、东西部之间差距的加大，给人们的感觉就更是如此。

实际上，在这个过程中，一方面反映了国家正在进行大幅度的经济结构调整，优胜劣汰越来越成为中国市场经济改革不可逆转的潮流和趋势；另一方面，最重要的还在于，这给每个人提出了一个更紧迫的课题，就是如何加速给自己充电，如何加速提高个人的竞争实力，多了解中国的宏观经济，了解自己所处行业的前景、所在企业的前途，尽可能使自己在市场经济的大潮中立于不败之地。

虽然在国人之间有富人和穷人之分，在地区之间有发达和落后之分，但这些都是相对的差距。和过去相比，即使是穷人，他们的生活也有了天壤之别，过去我们曾经吃不饱饭，饿着肚子，现在的贫困是相对于富裕而言的。想问一下，还有谁愿意回到从前？

没有一个人愿意回到从前。为什么呢？因为中国确实进步了，我们的经济状况确实改善了，我们的生活水平确实提高了，我们确实拥有了更多的自由和选择。说到底，这是中国经济整体增长的结果，它整个改变了我们生活的环境，在改革中出现的个人阵痛，恰恰是我们将来要解决的问题。

社会的进步不可能在一瞬间达到尽善尽美。对每一个人来说，重要的是看清社会发展的方向，迅速调整自己来适应整个社会的进步与发展。只要整个国家的经济在一个整体增长的轨道和方向上，从宏观的角度就没有人可以说，我没有机会。

谈到一国整体经济的增长，是一个非常宏观的问题。对当今中国来说，社会稳定确实是保证一切工作有条不紊、成功进行的重要前提。当看到我国2010年的统计数据表明经济增长率达到10.3%的时候，这说明我国的经济增长多出3.9万亿元人民币。有了这些钱不管对政府还是对老百姓来说，日子都会好过一点，财政收入会多一点。有了更多的经济增长，财政有了更多的税收，政府通过转移支付，可以补发拖欠教师的工资，可以给贫困地区更多一点的财政支持，可以给义务教育更多一点的保障。GDP多增长1个百分点，老百姓的腰包就会鼓一点，可能我们会多享受一个公园，可能我们会多享受一条宽敞的公路，或者多了一盏路灯，多了一个垃圾箱等。

让我们再宏观一点来看这1个百分点的经济增长。假设两个国家在起步时的财富总量是相同的，其中一个国家以每年2%的速度增长，另一个国家以每年3%的速度增长，每年只差1个百分点。那么30年之后，增长快的国家要比增长慢的国家多出三分之一的社会财富。所以，当一个国家经济缓慢增长甚至停滞不前时，就会把它从相对富裕推向相对贫困。正是高速的经济增长使得像美国这样只有两三百年历史的年轻国家成了世界头号强国。但现在美国每年以2%~3%的速度在增长，中国以每年8%~10%的速度在增长，那么未来的中国将是一个何等强大的国家？

要实现经济高速增长，重要的是提高整个社会的平均劳动生产率。在20世纪初，美国的人均消费水平比今天墨西哥、菲律宾的人均消费水平高不了多少。经过一百年的发展，美国就已经成为世界数一数二的富裕国家，其原因在于它不断提高劳动生产率，从而不断提高国家的经济增长率，使它的人均GDP已达4万美元之多。

说到我国的经济增长，其中一个非常重要的问题，就是中国9亿农民，他们如何增加收入，怎样分享中国经济增长的成果。

在2001年我国进行入世谈判的时候，其中争议最大的问题之一就是农产品。美国希望我国打开农产品市场，而我们则尽可能地保护农民的利益。如果他们的农产品都进来，我国农产品将面临巨大的冲击。美国只有3%的农业人口，这3%的人口生产的粮食除能满足本国需要外还有很多富余，还在向世界各国倾销。这样的劳动生产率，这样的农业竞争力，对有9亿农业人口的中国来说，是很难做到公平竞争的。为了保证全社会有一个稳定发展的基础，尽可能地维护绝大多数人的利益，这是一国政府义不容辞的责任，中国做到了。在这个问题上，全球数一数二富裕的日本也同样如此。日本政府一直不让美国农产品大量进入日本，因为它要保护本国农民的利益。它害怕，如果让美国农产品进了日本，那富裕的日本农民也会有生存的危机！

如果让一国农民生产的粮食卖不出去，让农民不能生存，让农民没有收入，他们哪里有钱买企业生产的工业品呢？他们又怎能买种子化肥来种地呢？如果农民都不种地了，这些耕地都荒芜了的话，我们大家吃什么？也许有人说没关系，吃不到中国稻米，我们可以吃泰国香米；吃不到东北大豆，我们可以吃美国大豆。这样可以吗？绝对不可以！道理很简单，如果中国这么大的国家粮食歉收的话，国际市场粮价就会立刻飙升，因为它们知道中国只能去那里买粮食，我国的城市和农村人口的吃饭就成了大问题。

世界就是这样，你买什么什么涨，你卖什么什么跌，这是由市场供求法则决定的。供过于求，价格必跌；供不应求，价格必涨。

更为严重的是，我国目前一些主要粮食的价格已经接近或高于国际市场的价格。因此，我国农业不管是劳动生产率还是价格，都很难与真正的农业强国竞争。作为政府，必须保证农民的利益，我国政府面临的最头疼的事情，就是农民问题。

在2006年，中央政府提出解决农村、农民、农业的“三农”问题，建设社会主义新农村，免了9亿农民300亿元的农业税，免了农村中小学孩子读书的学杂费，看出中央政府对农民问题的重视。保障农民利益，保护农村耕地，提高农民收入，这是中国经济增长基础中的基础，是各项工作的重中之重，政府要重视，全国人民都要关注。

说到农民，说到农业劳动生产率，就会引出另外一个问题：如果要提高我国的农业劳动生产率，减少我国的农业人口，那么农村中富余的劳动力怎么办呢？为什么美国只有3%的农业人口就能养活所有美国人而有余？是因为美国农业的机械化耕作，农场主一个人种植几千公顷的土地，我国则是每人只有一亩三分地，这样的劳动生产率是没办法比的。由于美国农业的劳动生产率高，不需要这么多的农业人口，富余出来的农业人口逐渐向工业转移，向服务业转移，从农村向城市转移，导致美国的农业人口越来越少，逐步完成了工业化和城市化的过程。我国目前正处在向工业化的转变过程中，当工业化转型完成时，我国人口比例中农村人口会减少，城市人口会增多，那时我国农业的劳动生产率就会越来越高，很少的人从事农业生产就够全国人口吃粮了，但现在还不行。

有人可能要问，我国政府一直在号召减少农村人员，增加城市人口就业，这是否跟经济增长有关？农村人口减少，变为城市人口以后，对GDP增长有什么意义？

这是一个很好的问题。当我们一边在讲经济增长，一边在讲农业问题时，人们就会把这两个问题联系起来，开始思考两者之间有什么联系。任何一个宏观经济现象都不是孤立的，它们之间都是相互关联的。当你找到这些现象之间的联系和规律时，也就找到了机会，或者看到了风险。

确实，我国政府在号召城镇化。中共十六大报告就指出，要推进城镇化发展。国家把富余的农业人口从土地上解放出来，迁入城镇。当他们在城镇生活时，他们需要工作，需要有企业接纳他们，这就需要有人投资办企业。如果没有大量的投资，没有大量的工业企业，城镇化是不可能完成的。因此，这是一个经济发展的循环过程：增加了投资，就增加了就业；增加了生产，也就增加了收入，同时又增加了消费，这个经济总量就做大了。我们看美国，它的97%的人口都到哪儿去了呢？在20世纪初的时候，美国的大量人口是农业人口，它的工业人口很少，服务业人口也不多。现在美国70%的人口从事服务业。富余的农业人口逐渐被工业、服务业吸收了。再看中国香港，它还有农业人口吗？基本没有了；还有工业人口吗？也很少了。香港大量人口都干什么呢？都在做服务业，如银行、金融、保险等。这是一个国家和地区经济不断增长和发展的结果。

所以大家知道，第一产业是农业，第二产业是制造业，第三产业才是服务业。简单理一下思路就会发现，发展的顺序变成了农民先是从事农业生产，当他们从土地上解放出来的时候，需要增加投资，需要城镇有相应的工作岗位吸纳他们，于是工业发展了。然后他们有了收入，开始在城里消费，先是买生活必需品，慢慢需要有自己的房子；当收入越来越高的时候，也开始有了娱乐生活、享受教育；先是给别人提供服务，慢慢自己也需要一些，于是服务业变得越来越发达。这个服务业，也就是第三产业，在经济中所占的比重越来越大。

如果你住在北京、上海、广州、深圳这样的大城市，你会发现服务业相对发达。但如果你走到农村去，别说服务业，就连工业都不发达。所以工业化、城镇化是一个过程，一个有规律地慢慢演变的过程。从农业化走向工业化是一个漫长的过程，它是一国走向现代化的必经之路，每个国家都要完成这个过程。在这个过程中，一国经济一定是越来越增长，越来越发达。

看清经济增长的路径，看清经济发展的方向，我们就会看到，中国未来还有20年经济高速增长的空间，因为中国人口众多，劳动力便宜，世界需要中国制造的产品，中国已经成为世界经济的火车头之一，我们的经济没有理由不增长。

但也应该看到，由于一些地方政府和企业片面追求GDP的增长，只注重其数量的增加，而没有注意增长的质量。河流被污染，空气质量下降，生态环境急剧恶化，这种经济增长是以破坏环境和生态为代价，那是得不偿失的，将来治理环境的代价将会更大。所以，中央政府提出要又好又快地发展，提出绿色GDP的概念，这些都是为了让我国经济能健康、可持续地发展。相比之下，提高生活质量更加重要。

那么，究竟应该由谁来制止这些有害现象的发生，由谁来制定市场游戏规则让大家遵守呢？这正是下一章要告诉大家的内容。

第六章　市场失灵

适应了现代经济生活的人们已经普遍接受亚当·斯密的经济理论，其核心就是市场这只“看不见的手”。他说，政府别管经济，回家去吧！价格机制本身就能调节经济。看价格我们就知道，赚钱的事情我们就去做，赔钱的事我们就不去做；对我们有利的事去做，对我们没有利的事不去做。

可是，当河流被污染、山林被砍伐，当受教育者需要学校、出行者需要公路，当偏远贫困山区的人们生活困难，当失业下岗的人揭不开锅时，市场是无法应对的。这就是市场的失灵。市场失灵表现在经济中的外在性、社会需要的大量公共物品缺失，还有收入分配不公这三个方面。

普通人通常会感受到经济领域中有两股力量在起作用，一是政府，二是市场。我们接触最多的是市场。

但市场真的是万能的吗？政府真的可以什么都不管了吗？西方国家在20世纪30年代出现了大规模、长时间的经济萧条，人们才发现原来市场并不是那么完美的，市场的自我调节能力是有限的。经济大萧条的来临显现了市场之手的无助。人们发现，原来有些事情是市场不能做的，市场在某些方面存在缺陷，这就是所谓的市场失灵问题。

市场究竟在哪些方面失灵了呢？

比如，我国目前河湖的污染情况十分严重，为什么这么多的水面都被污染了呢？又比如，近年来北京发生的沙尘暴，过去的北京空气多么好，哪有沙尘暴啊？现在，距离北京70公里以外，从市里开车不到1个半小时，就到了一个地方叫“天漠”。记者到那儿去采访，发现整个村庄都快被沙子埋上了，沙土堆到窗户那么高，都快把窗户堵上了。记者再看，一家一户的院子里、房顶上，都有大堆的灌木，大约每家都有两万株之多。这是他们从山上砍来的，这些灌木是农家冬天取暖、夏天做饭的燃料。后来这块地方搞了旅游，人们就给此地起名叫“天漠”，意为天降大漠于此。可几年前这里还是一个山清水秀的地方，根本就没有沙。

为什么会出现这么多破坏环境的行为呢？这些现象是怎么产生的？经济学描述这种现象的名词，叫经济中的“外在性”。

什么叫外在性？当人们做了一件事的时候，对导致的后果不负任何责任，即做了坏事不用受惩罚、做了好事也得不到补偿的时候，这时经济中就出现了“外在性”。

当外在性存在时，市场解决不了它，价格也解决不了它。我们说，农民可以不上山、可以不去砍树吗？不可以，因为他们要活下去。河湖为什么污染了？许多化工厂、制药厂排出的废水流入河里，导致河水被污染。企业要装一套污水处理设备，达到环保标准后再排放就得花好多钱，甚至会造成亏损关门，而直接排走污水就可以省很多钱。这样一来，河流就全被污染了。上游的人排污，下游的人吃水，这就是经济中负的外在性。因为做出这种行为的人所造成的后果与己无关，他们不需要为此付出代价。这种经济中负的外在性是市场机制所不能解决的。

北京的沙尘暴究竟是怎么造成的呢？再往深处追究，这沙子究竟是从哪儿来的呢？2002年，北京又刮起大的沙尘暴，追根寻源，发现是由于内蒙古草原的过度放牧，水土不能保持了，草少了，沙就起来了。所以，是人们的经济行为导致了水土流失，造成沙化，导致北京一到春天就会黄沙漫漫。

1998年我国遭受了百年不遇的特大洪灾。为什么会有这么大的洪水？如果说是那一年下的雨太多了，这么多的雨水又怎么都流进了河湖，变成了洪水？天降大雨是坏事，也是好事，只是由于没有蓄洪能力才产生灾难。

在西方国家，人们都具有很强的环保意识。例如，德国人每家住的小楼，楼上都装了排水管。到了下雨或下雪的时候，这些水顺着管道一直流进小楼下面的地下室。地下室里有两个特别大的水桶，每家浇花种树，用的都是这种“自来水”。这样，天上下来的雨水或雪水就不会白白流走，都得到了合理的利用。德国人一般不打井喝地下水，他们总是尽量利用自然界的地表水。有一天，一个旅游团到阿尔卑斯山里一个群山环抱的地方，司机告诉大家，这山里面有一个大水库，水库的水是阿尔卑斯山融化的雪水，这里是全市人民喝水的地方。

我国的长江、黄河、淮河为什么经常洪水泛滥？不就是上游的过度砍伐造成的吗？上游地区把山上的树木都砍了，那里的水土自然保持不住了，泥沙跟着雨水冲刷而下，形成一次次的洪峰，需要抗洪和泄洪。泥沙淤积的河床越来越高，堤坝越垒越高，有人说，长江早晚会变成一条悬在中国人头上的河，一旦决堤，后果不堪设想。这一切，都是经济中负的外在性造成的，如果人们不在上游砍那么多的树，怎么会出现这样的事情呢？

再有，为什么海上的油船总发生漏油事故呢？船主们宁愿挨罚，也不想买一条新船，因为这样做对公司是合算的。在海上行船漏了油，海水污染了，生物遭到威胁，谁会对此负责任呢？例如：英国BP石油公司在美国墨西哥湾的重大漏油事件，污染了海面，海里生物受到威胁。

经济中负的外在性比比皆是。一些人的行为损害了其他人的利益，他们并不为此付费，所以造成了负的外在性。我国的污染这么严重，如果没有人保护环境，也没有人保护地球，这不是人类的一个灾难吗？有读者一定看过2003年上映的美国电影《后天》，影片中所表现出来的温室效应带来冰川融化的巨大灾难，令人触目惊心，本来以为那只是“后天”的事情，只是科幻，但是2004年底在印度洋就发生了比影片表现得更为凄惨和恐怖的海啸。照现在这样破坏环境去发展经济，未来的地球会发生无数人造的自然灾难，到时我们就会失去今天赖以生存的环境。

当经济中存在负的外在性时，这些问题是市场经济解决不了的，“看不见的手”也没有办法。

经济中还有正的外在性。比如，一项发明问世，发明家用了很长时间，花了很多工夫，甚至是带着一个团队在做。当他们成功以后，能够获得多少补偿呢？他们对社会作了很大贡献，就像爱迪生发明了电灯，从此，人类世界开始告别黑暗，但是他自己又能从中获利多少呢？牛顿发现万有引力定律，爱因斯坦创造相对论，他们能获得多少经济补偿与回报呢？能不能与他们对人类作出的贡献相比较呢？还有，我国现在大力开展的义务造林活动，以及许多发明创造，它们都给社会带来了正的效益，可谁来补偿他们，谁来保护他们的发明和创造呢？我们说，当人们作出巨大贡献时，市场并不对他们进行补偿，这是经济中正的外在性，这也是市场机制所不能解决的。

所以，当外在性存在的时候，无论是增加了外在成本，还是带来了外在效益，市场机制都是无能为力的。负的外在性对社会有害，正的外在性对社会有益。不管怎样，市场机制解决不了这些问题，这是市场机制失灵的一个方面。

在经济生活中，还有一种情形也是市场机制不能解决的。比如，大家都需要的东西却没有人愿意提供。这是什么物品呢？

全社会的资源分为两种：一种是私人物品，一种是公共物品。你身上穿的衣服，手里拿的东西都是你自己的，是属于你的私人物品。私人物品具有两个特征：一是竞争性，二是排他性。所谓竞争性是指你消费了的东西，别人就不能消费，你们的消费是处于竞争状态的；所谓排他性是指因为你有钱买了这个东西，别人没钱，他就被排斥在外。私人物品是市场机制、价格机制可以解决的。

但在这个社会中还有许多公共物品。公共物品也有两个特征：非竞争性和非排他性。比如，路灯是公共物品，谁都可以从路灯下走过，谁都不需要交费，没有竞争；但谁也不能限制别人从路灯下走过，也不排他。又比如，在北京新修一条公路，大家通行时不用交费，因为这条路是公共物品。我们的国防也是公共物品，国防对全体国民都提供保护。修好的道路，大家都能走；路灯照着所有行人；还有国家的司法、教育、公共卫生、桥梁、灯塔等，这些都是公共物品。

公共物品在消费中不竞争，社会全体成员都能享受它们，多一个人消费并不增加它的成本，但谁想排斥别人的消费，其成本也是相当高的。例如，总不能每盏路灯下都站个警察，凡是没交钱的人先得把眼睛蒙上才让过，这麻不麻烦？再比如国防，当敌人导弹打过来时，军队只保护缴过税的人，没缴税的就不管了，这难不难？还有灯塔，让海上过往船只都来靠岸交费是一件多么困难的事情！所以，在公共物品的使用上，排斥别人的费用是极高的，也是非常困难的；但增加一个人消费，却不增加它的成本。

那么，我国的高速公路是公共物品吗？公共物品有两个特征：不竞争、不排他。高速公路虽然不竞争，但却排他，不交费的车一般不能上高速公路。但高速公路也不是私人物品，因为它不限制任何车辆，只要交过费，什么车都可以上去走，所有人都可以使用。那它是什么物品呢？它是准公共物品。公共物品分为纯公共物品和准公共物品。

纯公共物品具有两个特征：不竞争和不排他。如国防、义务教育等。准公共物品只具备一个特征：或者不竞争，或者不排他，如收费的高速公路就是准公共物品，因为它不具备竞争性，却具有排他性，不交钱就不让上去。

并不是所有的高速公路都是准公共物品，如北京的不少高速路段就是免费的，而德国的高速公路整个就是纯公共物品，因为德国的高速公路不收费，谁都可以走。所以你会发现，德国的高速公路上跑着很多外国的汽车。欧洲各国的汽车都愿意从德国走，因为德国高速公路是纯公共物品，不用交通行费。

高速公路不收费通常是一国经济富裕的表现。德国人是这样想的："我们的高速公路这么多，如果要建关卡收费的话，花钱太多不说，也影响经济的发展。所有的车过路可以不交费，但是，汽车走几百公里总不能不加一桶油吧？好了，你们只要加一桶油就够了！"因为德国把一种税加在汽油里了，这就是我们说的燃油税。德国政府把高速公路变成了纯公共物品，却从汽油里抽税。

随着人口基数的扩大和生活水平的不断提高，公共物品在供需方面也出现了矛盾。从需求方面看，谁不想呼吸清新空气？谁不想看绿水青山？谁不想让自己的孩子到学校读书？谁不想去图书馆免费借书？是人都有这样的愿望。因此，对公共物品的社会需求越来越大。从另一方面看，公共物品的供给为零，没有人愿意提供公共物品。为什么呢？因为即使提供了公共物品，使用时由谁来交费呢？如果是私人物品就不一样了，它有市场的价格机制，人们要是不出钱，就不能得到这个东西。而公共物品的使用是免费的，大家都知道消费时不花钱，于是所有人都来"搭便车"。

"搭便车"这个词来自欧洲。在国外的高速公路口上，你把拇指伸出来，有的车就会停下来，只要顺路，司机一般会捎你同行。你上车后也不需要交钱，因为他愿意让你"搭便车"。

但公共汽车就不同了，如果所有的人上车都不用买票，还有人愿意开车吗？它肯定连运营成本都收不回来。我们说，私人物品的供需是市场价格机制能够解决的，而公共物品是大家都需要但没人愿意无偿提供的。在这种情况下，所有人都想免费搭车，公共物品的生产者和消费者之间的经济链条在这里断了，市场又失灵了。

社会确实需要公共物品，又没有人提供，怎么办呢？于是政府说：既然所有人都需要的东西没有人来提供，那大家就缴税吧，由我来提供公共物品，满足你们的社会需求。

当然，公共物品的消费还具有强制性。为什么具有强制性呢？最好的例子就是国防。有人会说："我住深山老林，导弹掉下来也砸不着我，根本不需要防空保护。"但是，你不需要大家需要，国防是一体性的强制消费。又比如，有人在路上开车时说："我最怕警察，一见他们就晕，警察能不能站别处去？"对不起，警察必须站在那里，因为社会需要他们维持交通秩序。

无论你缴税与否，国防都会保护这个国家里所有的人。使用公共物品无须交费，因为它是政府用大家的钱无偿提供的。

在美国还发生过这样一件事：有两个人在路上撞车了，却把政府给告了。理由是路灯太暗，开车人相互看不清，所以才发生事故。如果不信，政府可以派人开车到这里试一试，看撞车还是不撞车。公共物品就应该由政府提供，政府必须提供足够的灯光，不能让市民因为路灯太暗造成交通事故。

所以，政府在有能力的情况下，一定要提供公共物品。公共物品是政府靠税收来提供的。如果税收不够，提供不了这么多的公共物品怎么办？政府不能让大家没路可走，它可以提供准公共物品，还可以让民营企业或外资企业投资准公共物品。比如说，把某条高速公路包给外国公司来修，把某个港口包给民营公司去做。

如果政府一时没有能力提供纯公共物品，就应该尽可能提供准公共物品。准公共物品的投入是有回报的，企业或个人只要有能力从政府那里得到特许权，提供准公共物品就会变成一个商业机会。

例如，北京市五环路通车后，上路要交费，那么五环路就变成一个准公共物品。而北京的其他环线全都不收费，它们是政府提供的纯公共物品。因为五环路是靠贷款修的，收费是为了还贷。可是北京的交通拥堵实在太严重了，于是政府研究决定五环路不再收费，这样它就从准公共物品变成了纯公共物品。

那么我国的教育是公共物品吗？就现状看，九年制义务教育是公共物品，这是由国家来提供的。但是，如果年轻人还想深造，就需要交一些钱。这时的教育就变成准公共物品了。如果既没有这么多教育类的公共物品，也没有准公共物品，我们国家的教育水平不就下降了吗？所以，政府在有经济能力的情况下一定要多提供公共物品，在缺少经济能力的情况下也应该多提供准公共物品。

让我们想一下，如果把全国所有城市里的道路都变成准公共物品的话，是不是生活起来很不方便呢？以后我们都有车了，就要准备好零钱，到一个地方交一次费，到下一个地方再交一次费，这样生活会变得非常不方便。当政府把一条路的建造费用收回来之后，就可以让这条路还原为纯公共物品。但我国现在还做不到，因为政府把修这条路的贷款收回来之后，可能马上拿这笔钱去修下一条路了。

等一国经济真正发展好了，在财政充裕的情况下，许多准公共物品就会变成纯公共物品。当它们真正变成纯公共物品的时候，我们会发现生活的质量好了很多，也许孩子们可以直接上大学，而不需交学费；道路也可以随便走，不必再准备这么多的“买路钱”。

所以，政府在有钱的情况下应该多提供公共物品，没钱就要先提供准公共物品，到一定时候再把它变成纯公共物品，这样人们的生活水平就会提高。

市场失灵还表现在收入分配不公平方面上。比如，我国2010年大约有20万亿银行储蓄存款。有人问：为什么不把它们拿出来花了呢？又有人说：怎么花呢？银行储蓄存款总额中80%都是20%的人存的，而80%的人只占剩下的20%。结果，想花钱的人没钱花，有钱的人又不需要花那么多。这就涉及一个收入分配不公的问题。有些人富，有些人穷，这些问题单靠市场机制解决不了。市场机制只能解决效率问题，让经济快速发展，但不能解决公平问题，这是市场失灵的又一种表现。这些问题只能由政府来解决，政府向高收入的人群征税，给低收入的人群发放生活救济金，让穷人也能过上温饱的日子。

总结起来，市场失灵表现在三方面：第一是经济中的外在性，第二是社会需要大量的公共物品，第三是收入分配不公平。这些问题市场解决不了，怎么办？由政府出面解决。那么，政府究竟应该怎么解决这些问题？政府应该发挥哪些作用？政府又该扮演什么角色？这都需要我们进一步探讨。

第七章　政府扮演的经济角色

当人们看到市场失灵，自然会问：减少消极的经济外在性、提供公共物品、消除收入分配不公，这些不赚钱甚至还赔钱的活儿，这些市场做不到的事情让谁来做？答案是：让政府去做。

大家缴税给政府，政府在我们的经济生活中究竟扮演什么样的角色？它应该发挥什么样的作用？

第一，政府要负责稳定经济。没有一个安定的政治环境，经济发展不好；没有一个稳定的经济环境，政治局面同样岌岌可危。

第二，提供足够的公共服务。这个社会需要畅通的公路，需要干净的河流、新鲜的空气，要有花园和草地，尤其需要有良好的教育。

第三，创造公平竞争的条件。政府要做公正的裁判，给所有人公平的机会，让竞争者处在同一条起跑线上。

第四，进行收入再分配。没有一个合理的再分配过程，就会富人越富，穷人越穷，就会使地区与地区、阶层与阶层之间的矛盾激化。

既然市场在这么多的地方失灵，就只能由政府出面解决如消除经济中负的外在性、提供大家需要的公共物品、减少社会不公平等一系列问题。那么，政府究竟在我们的经济生活中扮演什么样的角色？它又是怎样演好这些角色的？

首先我们来说政府究竟应该做什么，也就是什么是它该做的，什么是它不该做的。

政府的第一个作用，稳定经济。我们先来看俄罗斯。1991年底苏联分解成15个独立国家后，俄罗斯这十几年换了多少任政府总理？卢布也是一贬再贬，人民的生活物资一度严重匮乏。当然，由于普京和梅德韦杰夫两届总统领导有力，加上国际市场能源和原材料价格飞涨，俄罗斯出口收入剧增，这几年总算是翻了身。再看2002年阿根廷发生金融危机后，几天就换一届政府。为什么呢？就是因为他们国家的经济搞不下去了，不换人不行，谁上台也玩不转。日本也是，前些年稍不留神就换了首相。一届政府如果把经济搞得一团糟的话，老百姓绝对不会答应他们继续待在台上。

所以，政府最重要的作用就是稳定经济。你看我们国家改革开放这三十年，很明显，政治上稳定，经济就发展得好。如果经济发展不好，我们的政治还能这么稳定吗？

政府的第二个作用，提供公共服务。上一章说过，这个社会需要大量的公共物品，有清澈的河流，新鲜的空气，有绿茵芳草，有依依垂柳，还要有设施齐全的幼儿园、学校、运动场、博物馆、影剧院，甚至我们想到哪儿去，开上车就可以到那儿去。这些东西该由谁提供呢？当然是政府了，政府应该为社会多提供公共物品。

我们想一想，那些跨国公司为什么愿意把资金投到中国东部，而不是西部呢？为什么它们把这么多的钱投到东部的珠江三角洲、长江三角洲还有天津的滨海新区，而不是更广阔的中西部呢？一个重要原因就是沿海发达城市公共物品多，那里生产、生活设施齐全，交通便捷，信息畅通，集聚效应显著。到那个地方投资无须修路就可以解决运输问题，这样就节约了很大一块生产成本。有了规模经济，效率就高，利润就大。而且，如果那里的海陆空交通运输都发达的话，这些海外投资企业在东部生产一件商品和在西部生产同样商品在成本上也没有太大的区别。

所以，开发西部是我国发展的一项战略目标，我们要坚定不移地做下去。但也要看到，开发西部是一个历史的过程。我国中西部将来一定会有大发展，因为那里劳动力便宜，有大量的土地资源，前景十分广阔。但是，在吸引投资上暂时还有一定的困难，因为东部地区已经具备了太多的公共物品，这是吸引外资的一个重要条件。由于东部地区的富裕，有良好的公共服务以及大量的公共物品，才使得资金向东部地区转移。中央政府认识到这一点，决定建立重庆经济特区，就是为开发西部做准备。

那么，如此众多的公共物品是谁提供的？这些道路究竟是谁修的？这些桥梁究竟是谁建的？还有港口、码头等一系列基础设施，这些都是国家提供的，是地方政府承担了提供公共物品的责任。所以，作为一国政府，它的一个重要作用就是提供公共服务，如架桥、修路、教育、环保、国防等。你是否经常想，如果可以一直读书那该有多好。当人们都这么想的时候，请问，究竟谁来养活我们？每一个人都希望自己多读书，希望自己的孩子多读书，但是读书需要钱，需要支付学费。如果一个国家的经济强盛，教育完全由政府投资，这是一笔巨大的财政支出，因为教师的工资是国家发的，都是财政支出。当政府的财政多一些支出给教育，当我国的教育事业发展了，我们国民的素质也就提高了，反过来我们的国力也增强了，中华民族的未来会更加光明。

如果说教育是软件，那基础设施就是硬件。当我们铺好路以后，我们的经济轮子就转动得更快了，外资的投入也就更多了。当人民富裕以后，小城镇也就发展起来了，我国的农村人口就能转移到城市里来了，于是第三产业也跟着发展起来了。我国政府靠发行国债铺了很多路，铺路为了什么？都是为了后面的经济腾飞。只有做好前面的铺垫，我们才能在高速路上奔跑。所以，政府才要提供公共服务。

政府的第三个作用，创造公平竞争的条件。作为政府，应该给所有人创造一个公平竞争的机会，让我们每个人都站在同一起跑线上。假如你的教学能力比我强，我就不需要站在讲台上；如果我的经营能力比你强，我还可以做经理人，咱们之间可以公平竞争，每个人都能够发挥自己的长项。

政府应该创造条件，让不同性质的企业、不同的地区、不同的人们，都能享受同样的条件，在一个游戏规则下竞争，包括我国的税收政策和贷款政策，政府要为所有人、所有企业创造公平竞争的条件，这样中国的经济才有希望。

说到这里，我想问的是：我国有9亿农民，农村的孩子和城里的孩子享受一样的教育条件和教育资源了吗？他们是否站在同一起跑线上？那些进城务工的农民的孩子，何时能够走进城里的学校接受一样的义务教育？我国政府正在加大对农村孩子教育的投入。多一些财政拨款，多一些教育资源给他们吧！因为这件事关乎中国全民素质的提高，更关乎中国的未来。

所以，政府一定要为自己的人民创造一个公平竞争的环境，它要让有才能的人去创造社会财富，让懂经营的人去做企业家，让会管理的人去做政府官员，让有知识的人去做学问，让社会全体成员都有公平竞争的机会。这是政府该做的事情。

政府的第四个作用，进行收入的再分配。上面我们曾经谈到，有些经济问题仅靠市场机制是不能解决的，市场只能通过价格机制去解决问题。只要有利润，大家就愿意去投资，就愿意去赚钱。但是，市场机制不能解决贫困人口怎么活的问题。有些人没有机会，找不到工作；有些人下岗了、失业了；还有大学生刚毕业找不到工作，他们没饭吃，该找谁呢？我们说，一个国家存在失业是正常的经济现象，企业破产、裁员并不是政府的过错。在产业结构调整的过程中，有些企业无法生存下去是因为它们失去了竞争力，产品卖不出去，生产成本早已经高于市场价格，自然无法维持企业运转，员工只能失业回家。失业的人要面对这个现实，不应该一味怨天尤人。但是，作为政府该不该给这些人发生活费，该不该让他们有饭吃呢？当然应该！解决收入再分配问题是政府的重要工作。

所以，政府在经济生活中发挥的作用有四个方面：第一，稳定经济；第二，提供公共服务；第三，创造公平竞争的条件；第四，进行收入再分配。

来看一看德国。我在慕尼黑的地铁站里等车时看到一则广告："乘客们，请你们放心乘坐慕尼黑的地铁吧！你们知道吗？这个城市的地铁里面，每天有五千多名便衣警察在保卫你们的安全。”慕尼黑当时有上百万人口，地铁线路非常多，四通八达，每天要出动五千多名便衣警察维持治安，他们是市政府出钱养活的。如果没有那么大的财力，国家没有这么强的经济实力，能有那么多人去从事这项工作吗？所以，公共服务这件事是由政府去做的。

又比如，在德国走夜路大家会觉得非常安全。因为在德国谁都不会做错事，谁也不会做坏事。如果有人愿意，他可以去抢东西，做坏事。但是，只要一个人犯了三次类似的错误，或有三次不良记录，他以后就没有失业救济金，没有养老金，他的生活将没有保障。这样一来，还有人敢轻易这样做吗？所以，人们走在路上不必为自己的安全担心，因为做坏事的人才不安全，他抢了你的东西以后，很可能因此失去一切福利保障。所以，国家用一种机制来约束人们，使他们不去做坏事，因为这样做的成本太大，得不偿失。把犯罪成本提高，就没有多少人还敢作奸犯科了。让大家都遵纪守法，这也是政府要去做的。

关于公平竞争的问题，也举一个例子。20世纪90年代德国慕尼黑建了一个现代化机场，花了80多亿马克，修得非常好。从市里坐地铁可以直达机场，下车后就有推行李的小车，把行李往上一放，一个人就可以顺着滑道走，像是在时间隧道穿梭一样，感觉特好。各种指示灯一目了然，只要你认字，可以一直滑到你要去的登机口，抬腿就上飞机。不料，机场刚开始运营就出了问题，有人把机场和西门子公司一起告上了法庭。事情是这样的，因为慕尼黑机场所有工作用的电脑，还有大屏幕计算机，全是西门子公司赠送的，其他公司就告它违反公平竞争法。

你猜猜看，谁赢了官司？告诉你，是原告赢了。因为人们这样问，在慕尼黑这么重要的国际化城市，在每天都有这么大客流量的地方，西门子公司用这么廉价的方式变相做广告，可以吗？它把计算机白送给机场，等于是拿产品换广告。德国是一个公平竞争的社会，如果机场需要计算机，就应该向所有的公司公开招标采购。同样的产品，如果我公司的报价比你的高，我甘愿输给你；如果我公司的报价比你的低，机场就该买我的。被告之所以输了官司，正是因为触犯了公平竞争法。但是如何能够维护公平竞争，这需要政府去制定规则。

同样，在德国你会发现，到了晚上6点钟，除去电影院、酒吧等娱乐休闲场所，所有商店必须关门，不得营业。如果有人说："我们老板生来勤快，干到半夜都习惯了。"这样不行，这叫违反公平竞争法，你们不休息了，难道所有人都可以不休息？如果你6点半关门，我就7点半关；你7点半关门，我就8点半关；你8点半关门，我就9点半关，这还有完吗？这样的事情该由谁来管？只能由政府出面解决。

有人说，上面的例子谈的都是西方国家的事情。那么在我们中国，政府该做什么和不该做什么呢？

政府该做的事很简单：第一是避免负的外在性。凡是有负的外在性出现，政府就重重地罚，直罚到他们不敢再干下去为止。让全国人民都能喝上洁净的水，呼吸新鲜空气，吃上卫生的食品。第二是提供公共物品。让我们一定要有路走，一定要有书读，一定要有文化，一定要有安全。第三就是解决收入再分配问题，让穷人也能吃饱穿暖。

那么，我们政府不该做什么？2001年，美国前财政部长鲁宾到清华大学来做讲座时说：政府不该做什么？政府不该进入竞争性的行业去经商办企业，政府不能做这些本该由市场去完成的事。为什么？政府为什么不该进入竞争性行业？你想，如果政府非要做企业，那别人还做不做？如果政府在哪个行业中做，别人还能做吗？

2002年底，我国的国际长途话费涨价，这在国际上产生的影响特别大。

凡是境外接入中国的长途电话，中国方面都要提价。很多人都有意见：明明世界各国电信业的价格都在向下降，中国电信的价格怎么向上调呢？中国的电信行业是国家垄断的，这个垄断早晚要打破。中国电信的价格一定会降下来，电信价格的垄断也一定会被打破。这一天早晚会到来，只要政府出台政策，取消垄断，引入竞争机制，问题就可以解决。比如，从2007年7月1日起，中国移动电话全部实现了单向收费。

我们说了，市场失灵有三个方面，政府应该在市场失灵的地方发挥作用，而不该投资办竞争性的企业。当我们明白了这些，我们就知道中国的政府机构今后应该怎样改革，政府的哪些功能应该加强，哪些功能应该弱化，甚至逐渐消失。政府为什么不能进入竞争性的行业？如果政府进入竞争性的行业，谁还能去跟它竞争？因为是政府在制定游戏规则。

这里再给大家讲个故事。过去德国2马克硬币上有一个人物名叫路德维希·艾哈德（Ludwig Erhard，1897~1977年），他曾做过多年的联邦经济部长，后来还当上总理。他创造了社会市场经济理论，并运用于第二次世界大战后德国的经济和社会实践。是他和总统康拉德·阿登纳一起把德国从战败的深渊中拉了出来，使之成为世界排名第三的经济强国。艾哈德把亚当·斯密“看不见的手”思想拿了过来，加上一个国家宏观调控理论，由此提出“社会市场经济理论”，并把它发挥运用到了极致。这里的“社会”指的是政府的作用，即建立一个有社会保障的市场经济。

1957年，艾哈德还写了一本《大众福利》（*Wohlstand für Alle*）的书，中文版名称是《来自竞争的繁荣》。书中提出这样一个观点：政府是裁判，它负责制定规则，在场上监督；企业是球员，它们上场踢球，犯规就被罚下。他说，政府是足球裁判，只负责制定规则，监督球员上场踢球的时候按规则去踢。规则是：如果裁判出示两张黄牌或一张红牌，这个球员就被罚下。企业是球员，任务就是上场踢球，看你是否有本事把球踢进球门。踢进去算你赢，踢不进去你就得甘愿认输，按足球规则去做。

请问，政府可以上场去踢球吗？它可以既做裁判又当球员吗？如果政府有双重身份，这意味着什么？如果政府上场踢球，自己进球时犯规了它不吹哨，就算赢球；要是别人进球了它就吹哨判对方犯规，这样下去谁还能跟它玩？政府只做裁判，比赛才能公正进行；企业按规则踢球，比赛才好看。如果政府也上场踢球，秩序不乱才怪。所以，理论上政府只能做裁判，它不能叼着哨踢球，不能干着两份活与民争利。

饮料的铝制易拉罐包装，20世纪90年代是由中国包装总公司垄断生产的。它负责制订生产计划、购进原材料，然后制定出厂价格，再由自己生产、自己销售。这样一来，易拉罐行业出现了暴利，中国包装总公司大赚其钱。这时，其他生产厂家有意见了，就问："为什么它既制定规则，还让它生产呢？它制定价格当然是越高越好，可以让自己赚钱。这种垄断合理吗？"最后政府说：好吧，让所有的厂家都去生产吧！几年之后，易拉罐生产出现了全行业利润暴跌的情况，因为大家都进来了，产生了无序竞争，走到了另外一个极端。要么一统就死，要么一放就乱，说明政府还是没有真正起到制定游戏规则、维护市场秩序的作用。

再有，政府手里有大把的钱，如果拿着它入市炒股会出现什么问题呢？我们说，政府是绝对不可以进入股市参与交易的，如果它也炒股，那股市里的钱都会被政府卷走。你想，政府官员在那里坐大庄，整天追涨杀跌，他们可以用巨额的公共资金把一只股票炒翻天，高位抛出后在低位再接回来，那其他人就都别干了。为什么呢？因为资本市场是由政府制定交易规则的，是一个融资的场所。政府还负责监督股市，如果它自己操纵股市谋利，则与监守自盗无异。

我们说，政府的责任就是制定规则，让所有的人按规则行事，这样的社会才能有序，经济才能有效率，政府才能有精力去做它该做的事情。

我国现在既存在政府“缺位”的问题，又存在政府“越位”的问题。政府要制定规则，它要监督，它要提供公共物品，它要办教育，它要建立和维持社会保障，它要解决环境污染等问题。而这些都存在政府缺位的问题，即政府没有钱搞好这些事情。但是，还有政府越位的问题。比如竞争性的行业真的需要政府去办吗？市场本身能解决的事情，政府有必要做吗？如果政府去做了，就叫越位。

我国政府在市场失灵的领域要做的事情很多，但是政府一时没有钱去做，导致政府职能的缺位；市场可以自己解决的事情，并不需要政府介入的事情，政府做的却很多，导致政府职能的越位，出现垄断和不公平。这样的例子不胜枚举。

政府的职能要适合市场经济原则，就是政府要从越位的地方退回来，把政府缺位的东西补上，这样我国政府才能做到高效、公正、廉洁，我国经济才能做到又好又快地正常发展。

简单总结起来，市场失灵的地方要由政府出面解决，市场能发挥作用的地方政府就不要去干预。而我国政府改革的目标，就是一定要做好裁判，让大家处在同一起跑线上公平竞争。

第八章　财政，财政，有财方能行政

政府要扮演如此多的角色，如果政府没有钱的话，它怎能办成事呢？

因此，在任何国家，税收都是一个政府赖以生存的经济基础。没有财政的收入，政府难以为继；没有财政的支出，政府无法有效运转。总结起来，政府的财政收入来源于四块：一是税收，二是债务收入，三是政府投资企业的收入，四是其他收入，比如出让土地资源、杂费等。

政府的财政支出分为两部分，一部分是经常性支出，包括三个方面：一是维持国家机器运行的需要；二是支持科学、教育、文化、卫生等公共事业的发展；三是建立和维持社会保障体系的运行。另一部分是建设性支出，包括两个方面：一是投资关系全局的基础设施的建设；二是投资大中型企业的建设。

面对如此众多的财政支出，难怪有财政部长这样讲："财政，财政，有财方能行政。"换句话说，财政，财政，政府没钱就寸步难行！

我们知道，政府在经济生活中扮演的基本上都是花钱的角色。政府要履行这些职能，需要有财力的支持。因为政府主要是靠税收养活的，靠税收来维持运转的。有了税收，有了财政收入，政府才有能力去行使它的经济职能。

说到政府用钱，那么，政府的钱从哪里来，又用到哪里去？这就是我们要探讨的财政的收入和财政的支出。我们知道，当财政收入大于财政支出的时候，就会出现财政盈余；相反，当财政支出大于财政收入的时候，就会出现财政赤字。

当一国经济增长年份好的时候，政府的日子就好过；当一国经济增长缓慢的时候，政府的日子就难过。政府进入经济生活，它一定得有收入。别的先不说，它要养活这么多的政府工作人员，那么它的收入从哪儿来呢？

财政收入主要来源于四个渠道：

第一是税收。这是最大的一块财政收入。任何一个国家，无论是发达国家，还是发展中国家，政府的财政收入主要都是从税收中来的。我国现在税收占财政收入的比重已达90%以上。税收的特点是强制性的，而且是无偿的。也就是说，当政府收税之后，是不需要返还的。

第二是债务收入。当政府的钱不够花的时候，它可以去借债。债务收入的原则是自愿的，而且要求政府还本付息。

第三是企业收入。国有企业还了银行的利息，缴了国家税款之后，剩有利润，应该交给国家的那部分，叫做企业收入，因为国有企业是国家出资办的企业。

第四是其他收入。比如，我国的国有森林、地下资源等，政府会有一些转让使用的收入等。

所以我们说，政府的财政收入来源于四块：第一块是税收，第二块是债务收入，第三块是企业收入，第四块是其他收入。其中最核心的收入是税收，如企业上缴的增值税、营业税、所得税，我们每人上缴的个人所得税，还有关税、金融企业所得税等一系列税收。我国现在税收管理体制分为国家税和地方税两部分，国税归中央政府所有，地税归地方政府所有。

为什么要征税，这是一个非常古老的问题。一般人大概都不喜欢缴税，即使一国总理也不例外。比如赫尔穆特·科尔，他当联邦德国总理时政绩不错，在德国统一上作出了很大贡献。20世纪90年代初，他率团到中国访问，随团带来了一百多位企业家，他们此行和中国谈成了很多笔生意。当他们回国时，所有的人都在飞机上兴致勃勃地谈论着这次跟中国做成了的生意。高兴之余，只见科尔总理在那儿低着头，他正在计算着自己一年来消费所花的钱中，有多少可以退税。因为在德国，每人只要消费超出一定数额后的部分，就可以退税了。他一边算一边嘟囔："唉！真倒霉，我这一年挣的钱都缴税了！"

你想，他是德国的总理，税收政策就是他们定的，国家也是他们管的，税款更是他们去收的，征来的税还是政府花的，他本人竟然还抱怨税征得太高了。作为一国总理，他的收入高，要缴的税自然也就多。所以，政府的税收具有强制性，纳税是每个公民应尽的义务。

虽然大家都不太喜欢缴税，但是如果没有税收的话，国家怎么运转？也许有人问："政府为什么拥有收税的权力？"经济学理论到今天都解释不了这个问题。我们只能说这是一种社会契约，社会全体成员为了获得政府的保护，而选择让它站出来，因为我们需要公共服务，需要公平竞争，需要制定规则，需要避免负的外在性等。公民自愿赋予了政府这种权力，大家缴税，让政府来管理我们这个社会。

大家都知道，荷兰是靠海上贸易起家的国家，曾经在17世纪时特别辉煌，占据海上贸易霸权长达150年之久。但是没人知道，荷兰人竟然自己不愿管理国家，荷兰商人只想赚钱，最后他们商量作出决定，委托英国政府代管荷兰，他们愿意出钱让英国人来管。这个故事说明，一个社会需要有人来管理，而政府管理国家是需要钱的，怎么办呢？政府只能靠大家缴税养活。

因此，税收是一个政府赖以生存的经济基础，没有税收，政府难以维持运转。所以纳税是每个公民的义务，如果大家都不纳税的话，政府就无法运行了。这就是为什么我国在向社会主义市场经济转型的过程中，一直在研究税收改革问题。因为政府需要收入，否则它将无法行政。

政府财政收入的增长主要取决于GDP的增长，GDP增长了，税收才能增长；GDP要增长，企业的效益就得提高；我们每个人的收入提高了，企业的效益好了，政府的税收自然就会增多了。例如，我国在20世纪90年代，中央政府每年的财政收入只有1 300亿元，到2006年我国财政收入已增长到3.9万亿元，到2010年我国财政收入突破8万亿元大关，这是多大的变化？这一切都源于中国经济的增长。

那么，政府收入又是怎样支出的呢？我国政府的财政支出分为两部分：一部分是经常性支出，一部分是建设性支出。

比如公立学校的教师，他们的收入从何而来？从政府的税收中来，是大家缴的税款养活了教师。大家缴税给政府，政府把这笔钱从财政部拨一部分给教育部，教育部拨给全国的学校，学校再给教师们发工资。我们有二百多万军人，有国家的公检法机构，有教育部门，有科技部门，还有庞大的公务员队伍，这些都需要国家财政去养活，都是政府给他们发工资。这些支出叫财政的经常性支出，就是每个月都要支出的。例如，这月发给全国公务员的工资，下月还得支付，一直支付下去，绝不能停发。否则，将没有人给政府干活，政府机构也就无法运转。

所以，财政的经常性支出是政府每年每月都必须向外支出的，而且是无法收回的。经济学理论讲，工资具有刚性。什么叫刚性？就是说工资只能涨不能降，除非出现了万不得已的情况。你看西方国家的公务员或者政府雇员，一听说要给他们减薪，就要闹罢工，谁都不愿意接受减薪的事实。经常性支出是政府财政支出中非常重要的一部分，我国政府每一年的财政收入，绝大部分都用做经常性支出，拿去给公务员发了工资。

除了经常性支出以外，还有一块支出叫做建设性支出。比如，我国很多大的项目投资，如修了京九铁路、建了三峡工程等。仅三峡工程的预算就有2 000多亿元人民币，当然这些项目有的时候是靠发债进行的。但是，这毕竟属于政府财政资金的投入，属于建设性支出。政府建设性支出包括两个方面：第一，投资关系全局的基础设施建设；第二，投资大中型企业的建设。

常有人说中国的财政是“吃饭财政”。财政一要吃饭，二要建设。我国政府的财政支出，是先让大家吃上饭，然后再拿钱去搞建设。所以，财政的经常性支出和建设性支出这两块一定要分清楚。经常性支出就是每个月都必须支付的钱，如果财政没有钱，那么政府机构就无法运转。财政余下的钱才用来搞建设，如果钱不够，政府就通过发国债的方式搞建设。

那么，政府在财政支出上有什么原则呢？不同的国家财政支出的原则是不一样的，一般说来有两种原则：一是效用原则，二是效率原则。

所谓效用原则，就是看把这些钱使到哪儿的效用最大。如果政府现在有一笔钱，它是给公务员涨工资，还是给贫困人口发放救济金，这就要看哪个效用最大，这是政府的一种选择。

另一个是效率原则，是指究竟把这笔钱投到教育上产出最大呢，还是投到国家一个基建工程上产出最大？这就需要比较它们之间的效率问题。因此前者叫做效用原则，它使社会效应达到最大化；后者叫做效率原则，它使投入产出的利润收益达到最大化。这两种原则在不同的国家都有使用，而且在经济发展不同阶段各有侧重。

我国的财政支出采用的是“基数原则”，就是按照商定的基数去分配的。打个比方，过去历年上海财政预算是100亿元，那么现在财政给你拨100亿。如果你今年够了，就这100亿；如果你今年还不够，说缺口是多少，再给你补上，明年在这个基础上增加。所以，这就造成一个现象：如果当初核定的基数不合理，就会延续下去，导致所有地方政府都“跑‘部’向‘钱’”，即跑到财政部去要钱，每个省都说自己的财政收入不够花。说我们这个地区教师已经半年领不到工资了，你看我们的教育还能维持吗？你看我们的公务员已经很久没发工资了，中央财政该给我们增加一点吧！这样一来，大家都去争。一位财政部长曾这样说过：“让我们不能理解的是，为什么我国财政收入多的那一年，就是我们财政不够支出的那一年呢？”

财政支出分配涉及的其实是一个利益问题，是多给你一点利益和少给他一点利益的问题。政府想把它分得合理，是很难的一件事，这一碗水很难端得平。所以，财政支出上的问题就是政府在划分利益、在分切蛋糕，任何一项改革财政支出的措施出台，都涉及把利益让给谁的问题，因此政府是很难处理的。

让我们回顾一下我国的财税体制改革过程。年龄大一点的人都记得，1949年以后我国财政采取的是“统收统支”，即国有企业赚了多少钱全交上去，所有的支出再由政府拨下来。统收统支，即中央政府统一收入、统一支出。但是到了20世纪80年代以后，我国的财税制度进行了三步改革：

第一步是“利改税”，即所有国有企业上交的利润改成税收。不管是民营企业还是国有企业，一律要缴税，外资企业也不例外；第二步是“拨改贷”，就是以前给国有企业的拨款都改成银行贷款；第三步是“统改包”，即过去的统收统支，最后改成了中央与地方政府财政之间的包干制。地方政府收上税来之后，定好一个给中央政府的基数，余下的由地方政府自己支配。这就造成地方政府的财政是多收就多支，少收就少支，不收就别支，是中央让地方这样做的。这样，富裕地区企业多，政府的税收也多；贫困地区政府想多收，能收得上来吗？这样的地区企业不多，老百姓本身生活还困难呢，哪还有钱缴税？这就出现了中央政府的财政不平衡问题，一些地区的经济在良性循环，另一些地区的经济则陷入恶性循环。出现了富裕地区的政府非常有钱，而贫困地区连公职人员工资都发不出来的现象。这是我国财税体制改革初期出现的问题。

由于中国地区间不平衡的问题存在，因此，政府应该逐步加大转移支付的力度，就是将富裕地区收上来的税款，通过财政转移支付到贫困地区，平衡我国经济的发展。当然，中央政府的转移支付，也应当遵循既不伤害富裕地区创造财富的积极性，又不保护落后地区的惰性的适度原则。

在我国财税体制改革过程中，还差一步没改，那就是“费改税”。即把所有该收的费都转变为税。一个企业现在最怕的是收费，企业开门几件事，都是来企业收费的，都是来企业要钱的，这极大地影响了企业的发展。农村乱收费现象也很严重，影响了农民种田的积极性，这个问题正在改进。我国怎么能把这种收费变成收税，这个问题一直有争议。有些人担心，说如果真的把收费改成收税的话，我们费没人收了，税收也不会增加，因为没人再去收了。当我国每项改革措施出台的时候，要考虑些什么呢？有统计资料表明，如果我们把路上收费撕小票的人都赶回家，收费变成收税了以后，就有上百万人没了工作。所以，从一国宏观经济出发，政府出台任何一项政策的时候，它一定要想到，如果让这一百万人回家，政府拿什么养活他们呢？例如，我国农村的基础教育很大一部分是靠收费在维持，如果一概取消农村的收费，那贫困地区农村的教育怎么办？这些都是政府面临的难题。2007年中央政府作出决定，免掉农村中小学生的学杂费，改由中央财政支付。

1994年，我国进行了一场大的财税体制改革。这场改革非常不容易，因为财税体制改革涉及利益的划分。改革对贫困地区来说当然是好事，可是富裕的地区怎么想呢？它们说，我们刚有点钱，地方政府手头刚刚宽裕一点，就想给我们收走吗？我们说，如果富裕地区不愿意把钱交到中央，贫困地区有困难需要找中央政府解决的时候，中央政府又从哪里拿钱呢？这样就会出问题。一般来讲，任何一个国家中央的财政收入一定要占整个国家财政收入的60%以上，中央政府才有宏观调控的能力。否则，中央政府没钱，这嘴张开说不出话，还怎么行政呢？大家都找你要钱，你找谁啊！

所以，1994年我国进行了财税体制改革。这次改革只改了如何增加财政收入的问题，没有改革财政怎样支出的问题。比如建立企业所得税、个人所得税制度，统一了内外资企业的税率等。而且实行了分税制，就是把税收的权限分开了。改革之后，我国的中央财政和地方财政收入都在增长，国家宏观调控的能力增强了。

什么叫分税制呢？所谓分税制是指中央和地方政府分开征税，一个是中央税，一个是地方税，还有一个是共享税。税收的人事权也分开了，国税局替中央政府收税，地税局替地方政府收税，形成两套税收班子。

此外，我国财政采取的是“复式”预算、分级管理的方法。什么叫复式预算？就是说，我们把经常性项目和建设性项目分开列预算。这样我们就可以看到，政府的财政赤字究竟是来源于经常性支出还是来源于建设性支出。如果赤字来源于经常性支出，这样绝不可以，因为这笔钱是要经常向外支出的，而且是无法收回的，如果出现支出缺口，是没有办法偿还的。采取这样的预算方式，就是为了加强对财政支出的管理。

这次改革明确了中央和地方财政的支出原则：中央政府承担全国性的支出，地方政府承担本地区的发展。以九年制义务教育这件事来看，应该由哪级财政来支出呢？我们说，中小学教育是由地方财政支出的。当地方财政钱不够的时候，中央财政再来补助。所以，富裕地区因为政府有钱，它们那里的办学条件就会好一些；贫困地区由于政府钱不够，它们那里就会有失学儿童，有失学儿童的时候，中央政府就得管。

再有，我国在采取分税制的时候，也界定了中央税和地方税的范围。当时的设想是，中央政府收那些好收的税，地方政府收那些难收的税。中央政府收的那些税由国税局完成，同时成立了地税局来收地方税。原则是这样的，比较大的税种由国家来收。什么是大税种呢？比如关税就是大税种，还有金融企业所得税，这些都属于中央税。地方税包括哪些呢？比如营业税、个人所得税、屠宰税、车船税等。随着经济的发展和人们收入水平的不断提高，个人所得税越来越成为一个大税种。这一点早已被西方发达国家的实践证明了，那些国家的个人所得税占税收的比重很大。现在中国的个人所得税也正在变成一个大税种。如果一个地区富裕的话，人们的个人所得税缴得多，这个地方政府的财政收入就会多一点。比如北京、上海、深圳、广州等地方，算是比较富裕的地区，如果大家收入高，地方财政收入多一点，地方政府日子就好过一点。

还有一种税叫做共享税，比如企业的增值税就是共享税。企业增值税先全部上缴国税局，全都交给中央政府，中央财政留下75%，然后再返还给地方财政25%。还有证券交易印花税也属于共享税，原来中央财政与上海和深圳政府各占50%，到后来改成了各占80%和20%，最后大家还认为不合理。他们说，为什么只能在上海和深圳开证券交易所，别的地方就不行呢？为什么只让上海和深圳赚那么多的钱呢？最后变成了中央财政拿88%，这两个地方的财政各拿12%。

以上大致反映了我们的税款是怎么收上来的，也大致反映了中央和地方在税收利益格局上的安排和原因。那么现在我们财政上还存在什么问题呢？中央财政现在每年都把上千亿元拨给贫困地区，支援它们的发展。尽管如此，这些地区还是很困难，它们没有钱去发展，特别是我国的中西部地区与东部沿海地区在财政收入水平上是有一定差距的。那些地区因为财政收入少，到了要支出的时候，才发现捉襟见肘。

所以说，我国1994年财税体制改革改得不错，但是当时只在怎么把钱收上来上做文章，没有在怎么把钱支出去上搞改革。这是因为财政支出上的改革涉及的各方利益太大了，它是地方政府跟中央政府之间利益划分的问题。例如，为什么去年还给我这个地方100亿，今年就只给我95亿了呢？我们当然希望争取到110亿呀！中央政府怎么去平衡呢？我国现在的财税体制改革，很快就要走到这一步，就是要改革财政的支出，让我国财政支出变得更合理，更符合各方的利益，更能调动地方政府的积极性，更能缩小各地区经济上的差距。

虽然我国财政收入这十多年来增幅很高，政府口袋里的钱越来越多，但是，我国中央财政的支出每年都在涨，几乎每三年半就翻一番，支出远远大于收入，财政上的困难也非常多。当政府的财政支出大于收入的时候，就会出现财政赤字。财政出现赤字怎么办？政府用什么办法去解决呢？这正是下一章我们要讲的问题。

第九章　财政赤字和国债

当政府收入少、支出多的时候形成的差额，就叫财政赤字。一般来讲，当一国财政出现赤字的时候，弥补赤字有两种办法：第一是透支，第二是发行国债。

透支，是当财政没有钱支出的时候，中央银行向财政部的账户上划款，央行开动印钞机印票子，这会产生通货膨胀的风险。

发行国债，是政府通过发债获得资金，用于基建投资和重大技术改造项目，通过加大政府支出这一块拉动经济增长；再用经济增长中获得的更多税收，赎回当初向人们出售的债券，还上政府借的钱。这样，政府不需要去多印钞票还账，也就不会造成通货膨胀。但是，如果国债的发行规模超过了一定的限度，政府无力偿还，就有可能出现政府的偿债危机。

因此，了解一国政府是如何处理财政赤字问题的，就会了解它是不是一个负责任的政府。同时也可以了解，我们是否生活在一个相对安全的金融环境里。

政府的钱袋子由谁来掌管？财政部。政府要花钱从哪里支出？财政部。如果一个国家很强大又很富裕，它的政府、它的财政部也一定很富有吗？一国政府有没有缺钱花的时候？政府缺钱花的时候怎么办？它会不会开动印钞机加印钞票呢？我们现在来谈一下，当政府缺钱花的时候，也就是当政府出现财政赤字时怎么办。

当政府财政收入少而支出多的时候，就会出现财政赤字，就是说政府的支出大于收入，形成了一个差额。相反，如果政府财政收入多而支出少，也会出现一个差额，那叫财政盈余。但是，在当今世界各国，财政盈余的很少，绝大多数国家出现的都是财政赤字。

财政赤字怎么计算？用财政收入减去财政支出，如果是负数，就是财政赤字。国际上衡量财政赤字有两条警戒线标准：第一条警戒线是财政赤字占GDP的比重不能超过3%。一旦超过，就会出现财政风险。例如，我国GDP总量在2010年时是39万亿元人民币，39万亿元的3%是多少？就是将近1.2

万亿元。如果我国的赤字要突破1.2万亿元，它就超出了警戒线。我国2007年的财政赤字是2 450亿元，处在安全范围内。如果一个国家有10万亿元的GDP总量，但财政赤字达到5 000亿元，那么它超出了警戒线很多，就比较危险了。后面我们会讲到如果超出这条警戒线将意味着什么。

还有一条警戒线：政府的财政赤字不能超出财政总支出的15%。我们说了，政府的钱不够花，可以去借债；钱再不够花，还可以去借债。但不能欠债太多，一国政府的财政赤字不能超出这个百分比。如果赤字超出财政总支出的15%，说明赤字太大了。

这两条警戒线都是国际上通行的标准，第一条警戒线，就是我们要看一下，一国的财政赤字占GDP的比重是多少。当我们看到美国的财政赤字很大的时候，同时要想到它的经济总量有多大。我们要想到的是一个相对数，它只要不超过GDP的3%，问题就不大。

我们再看欧盟国家。刚开始时有12个国家加入了欧洲货币联盟，使用欧元，现在又有15个国家加入欧盟。在这15个国家加入时，人们就担心，说这些国家的财政赤字不能太大了。如果财政赤字太大的话，说明这个国家财政上有问题，那它的经济就不稳定，这样就有可能拖累整个欧盟经济的发展。果然不出所料，欧元区国家在2010年出现的欧债危机，就是有些国家财政赤字太高，借债规模太大，导致像希腊、西班牙、葡萄牙、爱尔兰、意大利等国家的赤字和债务远远超过了警戒线，使欧债危机处于风险之中。所以，要加入欧盟的国家，有很多经济指标方面的要求，而财政赤字的警戒线是最基本的要求之一。它要求一国的经济状况起码是安全的。

那么，当政府出现了财政赤字，怎么来弥补呢？我们知道，一国政府在每年年初，比如我国的“两会”（全国人民代表大会和中国人民政治协商会议）期间，政府要做一个预算报告，计划这一年财政收入多少，财政支出多少。如果计划财政收入少、财政支出多的时候，就会出现赤字，这在政府的预算中已经表现出来了。比如，我国2010年的财政赤字是1.05万亿元人民币，这就是我国政府的财政赤字。那么，政府公布了这个赤字后，它怎么办呢？一般来讲，当一国的财政出现赤字的时候，有两种解决的办法：第一是透支，第二是发行国债。

让我们先看第一种弥补赤字的方式——透支。什么叫透支？就是财政部在银行里有一个账户，就像我们每一个人在银行都有账户一样，你只能取你存进银行的钱，如果取完自己的存款还不够，还想让银行借给你钱，就等于在你的账户上要出现“红字”，即负数，这叫透支。那么，一国财政也会出现这样的情形，例如，2010年财政赤字1.05万亿元，但政府的钱远远不够花，怎么办呢？它可以直接让银行往自己开的那个账户上划款进来，因为财政需要支出。政府让银行直接给财政部在银行开的账户上划款，让财政部去花，这种行为就叫财政的透支行为。政府为什么这样做呢？它是不得已的，因为它需要给公务员发工资，它需要支出所有应该支付的费用。没办法，它只能到银行去取钱，这叫财政的透支。

但是，用透支的方式解决财政赤字是不可以轻易使用的。因为如果这样做，就会出现问题。银行有钱吗？银行如果把钱给政府花的话，那银行里的钱又是谁的呢？银行是动用储户的钱借给政府去花，如果储户去取钱的时候银行没钱给他们行吗？银行不能随便把存款借出去，因为储户和银行之间有一个契约：储户随时可以取出自己的钱。如果钱都被财政拿走了，储户提不出钱，那么银行是要对这件事负法律责任的。

当政府的钱不够花的时候，财政去找银行透支，银行把钱借给了政府，政府就等于把储户的钱拿走花了。实际上，储户的钱还在自己的账户上记着。如果是这样的话，大家就想：没关系，让政府先借着花吧。但是，政府花了这笔钱以后用什么来还呢？它拿什么来堵上这个窟窿呢？政府可以寅吃卯粮吗？到最后，政府就不得不开动印钞机，加印钞票来堵上这个洞。

因此，透支行为就意味着将来迟早要加印钞票，而绝对不会动储户的存款。我们所有的储户，每一个人存在银行里的钱还都在自己的名下。尽管在微观上这些储户的钱没有被拿走，但是在宏观上却捅了一个洞，如果财政每一年出现赤字都要到银行去透支的话，最后就会形成一个无底洞，到时政府没办法还钱了，只能印钞票。这意味着一国开始通货膨胀了。

什么是通货膨胀？通货膨胀是指物价水平普遍而持续的上升。也就是我们通常说的，钱越来越不值钱了。虽然财政没直接从大家的账户上提钱，但是政府为了堵上这个洞开动印钞机之后，货币的供应就平白多出来了。再讲简单一点，比如，原来全社会有1万元的货币，就有1万元的商品。这1万元的货币就能买到1万元的商品。但是现在政府为了堵上它当初借款的漏洞，不得不多印出来1万元。可是，商品的总量没有变，还是那么多。因此，加印钞票以后，商品总量还是原来1万元的量，但货币的总量变成2万元了。这意味着现在2万元只能买到原来1万元的货了；或者说原来1万元的货现在能卖到2万元了，这就表现为商品价格的上升。实际就是人们现在手中的钱不如以前值钱了。

对于储户来讲，他们的劳动没有少付出，他们存的钱是多年节省下来的，等他们取出钱的时候已经买不到原来那么多的商品了。那储户愿意吗？老百姓愿意吗？肯定不愿意！所以，政府不能轻易从银行透支，因为迟早要面临印钞票补漏洞的困境。如果这样做的话，通货膨胀就会悄悄产生。因此，当一国财政有困难的时候去找银行透支，如果银行同意政府这样做的话，实际上就是变相把老百姓手中的钱悄悄塞进政府的口袋里，使得人们手中的钱变得不值钱了，就是货币贬值了。

既然这种方式有很大的弊端，对一国经济的长远发展如此不利，那么，还有没有更好的办法解决财政赤字问题?

我们说,有!就是发国债。目前世界各国政府都这么做,举债是一种通行的办法。发国债,就是当一国财政有赤字的情况下,政府不去找银行透支,而是公开发行债券,让人们自愿掏钱来买。政府从公众手上通过国债形式借到资金以后,去搞基础建设,去投资大型国企的技术改造,提升整体经济竞争力,从而带动整体经济的发展。

比如,我国政府今年有财政赤字,准备发行国债,它就明明白白地告诉大家,政府要发行多少国债,期限有多长,利息是多少,由每人自己决定买不买和买多少。用这种方式解决财政赤字就比透支要好。为什么好呢?大家去买国债的时候,用的是自己没有花的钱。国债是政府借你的钱先去花,反正你现在也不用这笔钱,就拿出来买国债吧,而且国债利息比银行存款利息高,还不收利息税。换句话说,政府借大家的钱花,并不会因此增加货币总量。也就是说,全社会货币的存量没有增加,还是原来那么多。政府出售债券获得资金,用于基建投资,通过加大政府支出来拉动经济增长,再从经济增长中获得更多税收,用来赎回当初的国债,还上向大家借的钱。这样,政府就不用去多印钞票,也就不会造成通货膨胀了。

通过比较我们会发现,如果政府出现了财政赤字找银行去透支的话,银行是没有办法的,因为在我国还是国有商业银行占主导地位。但是商业银行里的每一笔钱都是有数的,都是储户的存款。如果商业银行没有足够的资金支付给储户,政府就只能去印钞票了。如果政府去发国债的话,就不会增加货币供应总量。政府把大家的钱先借来花,通过国债的形式承诺,将来政府还给大家的钱比把钱存在银行还要多一点。所以,现在全世界各国政府一般都采取后一种方式,即发国债来解决财政赤字问题。

财政赤字对经济的影响是什么呢?凯恩斯曾经这样说:一国财政出现赤

字，可以通过发债来拉动经济。这样做对经济有没有拉动？应该承认，它对经济增长确实有拉动作用。但是，作为一国政府，是否可以总靠发债来拉动经济增长？政府可以这么做的前提是，政府用国债投资的项目赚回的钱将来能够把这些债还上。因为国债作为财政收入的一部分，是要还本付息的。如果政府还不上这些债务，雪球就会越滚越大，最后靠什么来还呢？如果是发债的方式，利息由谁来承担？政府要还上这些债务，说到底最后还是要由纳税人来负担，这一代人的税款不够还，下一代人还要接着还。因为这是政府欠的内债，只能靠我们去增加生产、增加GDP、增加财政收入来还。政府发的国债，实际上是把将来的钱拿到今天来花。所以，今天的债务就是明天的税收。

尽管如此，政府调控经济仍是一手用财政政策，一手用货币政策。如果现在货币政策的传导机制在我国向市场经济的转轨过程中还不够顺畅的情况下，政府就要在财政上多动脑筋，用财政政策调控经济，要么减税，要么增加政府支出。在减税难度很大的情况下，靠发国债来增加财政可支配资金，从而加大财政支出，便成为政府一个无奈的选择。就算政府知道发债是在花将来的钱，但是基于国家经济良好的发展前景，政府有信心通过经济增长增加税收，最后在合适的期限内安全地把这些债务还上。

究竟为什么会产生财政赤字呢？怎么收上这么多的税还不够花，还要发债呢？我们知道，政府的收入主要来自税收，税收来源于效益好的企业缴纳的企业所得税，来源于我们每个人缴纳的个人所得税等。如果企业的效益不好，就缴不上企业所得税；如果个人收入不高，就缴不了个人所得税。即使企业效益好，个人收入多，财政收上来的钱很多，可是政府支出的项目更多，财政负担很重，比如它要管军队、教育、国有企业，还要管国有银行，要养活公务员，维持政府机构的正常运转，就很困难。

不要说别的，如果按2010年每人每年5万元的收入计算，光政府机构养活的公务员每年就需要开支十几亿元的工资。政府还要办基础教育，还有警察，还有军队，还有公检法等一系列政府机关。政府需要支出的地方太多了，它的负担太重。因为它的收入永远赶不上支出，当然会产生财政赤字，政府也没办法。面对这种情况，政府要设法获得更多的资金，就只能用发国债的方式来解决赤字问题。

说到国债，什么叫国债？政府发的债券就是国债。在西方国家，企业也可以发债，那叫企业债券。我国现在发的债券绝大多数都是国债。国债是政府的债务，由政府负责偿还。政府的债券又包括内债和外债。我国政府现在更多情况下借的是内债，而外债很少，所以我国政府的债务风险不大。政府只是把国内老百姓暂时不用的钱先借来花。先把经济发展起来，然后政府再还钱给大家。假如我们借了很多外债的话，就有可能产生更多的问题。就像1997年亚洲金融危机中，很多国家因为还不起外债，实际上政府已经被逼到要破产的境地。再有，我国政府即使借用外债，大部分也是长期的，要好多年之后才偿还，到那时候我国经济早已经发展起来了。

所以，国债有内债和外债，还有短期的、中期的和长期的国债。我国政府在外债上发行的是长期国债，在内债上发行的是短期、中期和长期国债。但是，也不能不看到我国债务上存在的问题。我国在20世纪80年代初的时候，每年发国债的规模只有50亿元人民币。20多年过去了，现在每年的发债规模已经上升到3 000亿~4 000亿元人民币，2008年美国爆发金融海啸后，我国发国债规模加大了，2009年我国发行国债1.6千万亿元；2010年国债规模接近2万亿元，继续呈上升的趋势。为什么呢？以前政府发的20年或30年的长期国债，现在已经逐渐进入还债期了。政府现在发的国债不仅要弥补当年财政的赤字部分，还要加上到期国债还本付息的部分。我国的国债也开始滚雪球了，就是借新债还旧债。

财政出现了赤字，发国债在所难免。但是我们也应该看到，尽管发了如此多的国债，我国政府还是可以挺着胸脯向全世界说：中国政府做了这样一件事，就是当财政有赤字的时候，我们采取了发债的方式，而没有采取透支的方式。如果政府要悄悄地用透支的方式弥补赤字是非常容易的。但是中国政府并没有那样做，它公开地告诉大家："我有多少赤字，我现在准备发多少国债，我准备向你们借钱，而且告诉你们国债是5年期的、10年期的还是30年期的，到时我会还给你们。债息高于银行利率，你们可以去买，也可以不买，我不强制你们买。"

所以说，我国政府是一个负责任的政府，它通过发债的方式来解决缺钱的问题，这是非常负责任的。这没有让我们手中的钞票过快贬值，我们手中的人民币还是足值的。尽管我国的经济可能有这样或那样的问题，但是在这件事情上，中国政府做得非常好。近年来，一些国家政府在本国出现金融动荡、经济危机、债务危机的情况下，没有办法就悄悄发票子，悄悄地透支，甚至不惜造成恶性通货膨胀，把老百姓手中的钱悄悄弄进政府的口袋。美国在2008年金融海啸爆发后，就公然用发钞的方式解决救市问题，带来的后果不堪设想。

俄罗斯在20世纪90年代，由于政府把经济搞得一团糟，没有钱，总在用发钞的方式解决经济问题，造成卢布大幅贬值，让俄罗斯原来的中产阶级都变成了无产者。后来，俄罗斯政府开始发国债，可是它发国债不是用于经济建设，而是拿去给政府的公务员发工资，寅吃卯粮，结果造成1998年俄罗斯债券市场危机，卢布更加大幅度贬值，经济倒退。由于没有能力还上外债，也在国际金融市场失去了信誉。俄罗斯的教训值得汲取。

中国政府这些年来也发了不少国债，可我们发债是去搞了基础设施建设，铺了高速公路，提供了很多公共物品，为中国经济的腾飞建好了快车道。

这就是为什么有那么多外商愿意到我们这里投资，因为中国政府为它们提供了一个良好的外部环境，还有一个巨大的潜在市场，这些都构成了未来中国经济提速的重要条件，而这些优质资产正是政府发行国债的产物。

尽管如此，发行国债不可以无限。新一届政府逐渐在减少财政赤字，降低发债的规模，因为我国经济高速增长带来了税收的增加，解决了很多财政上的困难，降低了国债的风险。

财政的核心问题有4个：一个是税收，一个是债务，一个是收入，一个是支出，这些都是政府调控宏观经济的财政政策。

第十章　社会保障体系与“三农”问题

建立和完善社会保障体系对中国国民来说是必需，但对政府来说是个难题。如贫困人口吃饭、失业人员生活该找谁？百姓生了病怎么办？我们老了谁来养活？这些问题需要政府建立一个社会保障体系来解决，否则社会将无法安定。

解决这些问题是政府的任务，是政府应当承担的责任。政府要建立一个社会保障体系，解除人们的后顾之忧，人们才敢花钱、敢消费、敢投资，经济才能进入一个良性循环。

那么，怎样建立我国的社会保障体系，钱从哪里来呢？把国有资产的存量盘活，用收回的资金建立社会保障体系。

当然，中国有9亿农民，农村、农业和农民这“三农”问题更是政府需要解决的问题，如果不提高农民的收入，就没有人愿意种地，没有了农业生产我们吃什么？没有了农业基础那中国经济又如何做到可持续发展呢？

由于历史上的特殊原因，我国形成了城市、农村泾渭分明的二元经济。改革走到今天，虽然取得了长足进展，但还是步履维艰。这是因为我国还没有建立一个强有力的社会保障体系，来保障人民生活的基本利益。城市居民的生活保障，农村居民的生活保障，还包括那些在城市与农村之间的数量庞大的“民工”队伍，十年、数十年后他们的生活会怎样？这是我国改革与发展到今天遇到的一个大难题，是涉及国计民生、社会稳定的大事。

大家是否还记得，一国财政支出有两大块：一是经常性支出，二是建设性支出。在经常性支出当中，又分为三块：一块是维持国家机器运行的支出，一块是科学教育文化卫生方面的支出，第三块是建立和维护社会保障体系运行的支出。第三块是目前我国政府面对的难题，即怎么解决穷人收入的问题，怎样建立社会保障体系的问题。

为什么它是政府的一个难题呢？因为政府面对的是一个有着13亿人口的

大国。从统计数据看，到2006年我国在人均收入683元绝对贫困线下生活的人口还有2 148万，同时，人均年收入不到958元的低收入人口还有3 550万。2006年中国投入了近200亿元开展扶贫工作，中央财政投入了137亿元，地方财政投入了50多亿元，列入国家扶贫计划中总体还有1亿左右的人口需要帮扶，也就是说，十几个人中就有一个贫困的人，这样高的贫困比例是需要政府来承担解决的。这些贫困人口，一部分在城市，大部分在农村。

我们需要建立一个社会保障体系。我国在改革开放过程中，企业所有制性质发生了很大的变化，由过去国有企业占绝大多数，改为国有企业比例在缩小，民营企业比例在增加，股份制企业在增多。比如在中国沿海发达地区，私营企业数量已经占到90%以上。这种企业所有制性质的变革，使中国经济发生了翻天覆地的变化，但是也带来了很多问题，其中一个重要的问题，就是我国的社会保障体制没有相应建立起来，使那些下岗的、失业的人员找不到饭吃，生存艰难。

在国有企业转制过程中，大量企业职工失业了，尽管经过多年的消化已经大部分实现再就业，但是在我国五十多年的经济建设中，对建国初期的那些以156个大项目为代表的国有企业的职工，过去一直实行的是低工资高福利的政策。随着医疗、教育、住房制度的改革，这些福利措施已经发生了很大的变化，部分年龄大的职工现在面临工资低、收入少，没有房子，没有医疗保险，也没有养老保险或者医疗、养老保险支付不足的状况。相对而言，农村居民还有一亩三分地可以指望，住房也不用再花钱，然而城里居民的养老问题和社会保障怎么办呢？

我国是人口大国，中央政府已经考虑这个问题多年了，可是要建立一个全世界最大的社会保障体系，钱从哪里来？政府手里没有这笔钱。于是政府就想了，我们不是有很多国有资产吗？从建国到现在，我们积累的国有资产存量已经不少了，有统计数据表明，国有资产大约在10万亿元人民币左右。于是政府就考虑先建一个2万亿元的社会保障账户。有了这个2万亿元的账户，只要是下岗的工人或者失业的人，就可以到这个账户上领失业救济金，直到他们找到工作为止。这样，国有企业就不再承担下岗职工的负担，它们可以轻装上阵，和所有其他所有制企业一样，站在同一起跑线上去竞争。

如果我国政府不建立社会保障体系，对下岗和失业的人员不能给予生活上的基本保证，那中国的改革就无法向前，它必将拖住改革的后腿；国有企业不能摆脱下岗员工的包袱，就无法进行彻底的改革；如果国有企业改革不能向前，我国所有的改革都将面临困境。这样拖下去，我们支付的改革成本就会越来越大。

大家知道，建立社会保障体系并不是中国自己的特色，它具有普遍性。西方发达国家都建立了完善的社会保障体系，这是政府的职责。政府有责任实现社会公平，让穷人有饭吃，让下岗待业在家的人、暂时找不到工作的人能够生存。这样社会才能安定，经济才能更好地发展，国家才能兴旺，人民才能安康。因此，建立社会保障体系是我国政府必须要做的事情。像俄罗斯这样的国家，虽然近年来经济发展不好，社会问题也很多，但是老年人没有后顾之忧，因为政府早就建立了社会保障体系。西方国家的老年人为什么可以放心养老？因为他们不必担心老了没有生活来源，国家为他们建立了完善的社会保障制度，让他们老有所养。

但是，在中国建立社会保障体系，这一步其实非常困难。政府没有现成一笔钱，只能从国有资产中挤一部分出来。而我国现在的国有资产还只是一个存量，要把它变成现金，变成流量，需要一个变现的过程，之后它才能进入这个账户。

怎么把国有资产存量变成流量？政府想出了一个办法，就是通过证券市场减持国有上市公司的股票，也就是说通过国有股的减持来完成。比如，国有企业上市公司原来不能流通的那些股票，现在可以减持一些，让社会公众持有。通过国有股的减持，政府可以筹集到一部分资金来建立这个社会保障账户。这个方案从2001年开始试行。但是，由于国有股的减持是以股票的市场价格来减持的，人们认为这样减持的价格太高了，所以这个方案没有被市场接受，于是在2002年6月，这项国有股减持措施在二级市场上停止了。尽管如此，这是建立社会保障体系的一个思路。它说明，我国政府在努力尝试通过各种方式，想办法筹措资金，建立自己的社会保障体系账户。我们必须要建这个账户，如果不建好这个账户，我国的改革将无法向前。

其实，不仅是从国有企业下岗的员工需要到一个地方去领钱，解决基本的生活问题；那些从政府机构改革中分流出来的人，他们也需要到一个地方去领钱；还有，如果有的人找不着工作，甚至大学毕业生一时找不着工作，他们是否也该有饭吃，有基本的生活保障？否则这个社会怎能安定呢？

建立社会保障体系已经成为中国政府最关心的事情之一。政府千方百计要把国有资产的存量盘活，可能会采取卖给民间一部分，让外国人来买一部分的方式，用拿回来的钱来建这个账户。如果这个账户建成了，国有企业就可以轻装上阵了，可以不用背这么重的历史包袱了。一个更有活力的企业可以创造出更多的社会财富，在经济的良性循环中逐渐变得可以吸纳更多的就业人口，这是市场规律决定的。当人们有了基本的生活保障，解除了部分后顾之忧，就敢有计划、有步骤地多花一些钱了，整个经济的投资、消费也会良性循环起来。

我们来看一个例子。民主德国和联邦德国是第二次世界大战后被划分成的两个国家。1989年，柏林墙被推倒，德国随后实现了统一。在统一的时候，联邦德国政府在柏林成立了一个民主德国国有资产托管局，把所有民主德国的国有资产都放在那里进行评估。其中有4万个小企业直接卖给了民主德国的人，因为它们的规模很小，所以很快就卖掉了。对剩下一些中型和大型的国有企业全部进行资产的国际评估，还聘请了国内外的专家。当把所有的企业资产评估完了之后，联邦德国的企业家、全世界的公司都可以来买这些企业，政府公开出售，让大家公平竞争。

德国政府在卖出这些企业的时候，有没有什么附带条件？卖企业的时候是否要求带着工人一起出售？这个问题我问过很多学生，读者朋友也可以自己想一想。当然，答案是五花八门的，有些人认为应该带着工人，否则，企业卖了，工厂里的那些工人怎么办呢？也有一些人认为，不该带着工人，如果带着工人，那些想买企业的人，他们怎能愿意承担这些工人的负担？

结果是，这些国有企业全部卖出去了，而且卖得很好。出售国有企业的时候，没有必须带走工人这个条件。德国政府说，所有的工人由我来负责，你们只管买企业，看着合适你们就买，不合适你们就别买。当这些国有企业全部卖完后，有人问德国前总理科尔：“你怎么这么便宜就把民主德国的企业全给卖了？”科尔回答：“我不便宜卖，有人买吗？不信，你们卖个试试！反正我们卖成功了。”

当时民主德国的企业的所有员工都失业了。政府说：你们不用担心，政府负责发给每个人生活费，每人每月1 500马克。就这一笔开支，民主德国政府拿出了相当于7 000亿美元的资金。所有失业的人都领到了政府发放的生活保障金。民主德国政府哪来的这么多钱呢？一部分来源于卖了这些国有企业后政府收上来的钱，另一部分是德国政府从财政拿的。虽然说这是一笔很大的开支，但是这种支出并不会持续很长时间。因为，当任何一个企业家买了企业之后，它都要在当地招收工人，它会根据企业的需要去选择工人。于是，很快就有人找到了新的工作，这就逐渐减轻了政府的压力。事实证明多数人都不愿意要政府的救济金，他们宁愿选择工作。这样，被卖掉的企业要在民主德国本地招收工人，增加了就业机会。同时，卖国企的钱又充实了政府的财政，增加了税收。为了合力渡过难关，德国政府为此还专门增加了一个新税种，叫统一税，到今天还有。如今总的算起来，改造民主德国，德国政府十年里就花了大约1.37万亿马克，平均每年花费大约为6 000亿元人民币，德国就是这样走过来的。

随着我国城市问题逐步得到解决，农村问题越来越迫切地浮上水面。

据测算，中国的土地最多只需要1亿农业劳动力，而目前农村总计有劳动力约5.5亿。以吸收1.2亿计，依旧有近3亿剩余劳动力。以目前的人口增长速度和就业机会而言，至少在四十年后，中国依然会面临着农业劳动力严重过剩的问题。这么多的劳动力在农村是无法消化的，只能向城镇转移。如何解决这3亿人口的就业和社会保障问题，成为中国经济发展面临的巨大障碍。

国家统计局等11个部委的抽样调查结果显示，平均每个乡镇党政内设机构为16个，人员平均158人，超过正常编制的2~3倍；平均每个乡镇下属单位为19个，人员290余人。严重超编的冗员给农民带来了极其沉重的压力，一部分政府机关背上了沉重的债务，入不敷出，而这种财政状况正是农村滥收费的根源之一。另外，根据国家统计局的报告，农村的基尼系数由1978年的0.212 4扩大到0.336 1，增幅过快，也远远大于城市的增幅（由0.16增至0.295)。据2010年的统计数据表明，我国城乡居民收入之差有3倍之多，城乡之间贫富悬殊加大已经成为社会不稳定的一个不可忽视的因素。

连续多少年，中央政府制定的一号文件都是围绕解决“三农”问题的。尤其2006年的中央一号文件指出要坚持“多予少取放活”的方针，重点在“多予”上面下工夫。2006年在全国范围内取消农业税，粮食主产区要将种粮直接补贴的资金规模提高到粮食风险基金的50%以上。西部地区农村义务教育阶段学生将全部免除学杂费，对其中的贫困家庭学生免费提供课本和补助寄宿生生活费，2007年在全国农村普遍实行这一政策。从2006年起，中央和地方财政较大幅度提高新型农村合作医疗补助标准，到2008年在全国农村基本普及新型农村合作医疗制度。2006年全国取消农业税后农民减负1 200多亿元，这是一个历史性的伟大举措，是中国2 600年以来第一次彻底地取消农民的田赋。由此可见“三农”问题的重要和新一届政府解决“三农”问题的决心之大。

所以我们说，任何一项改革事业都是需要成本的。中国的改革和发展所需要的成本从何而来呢？建立城市社保体系的关键在于盘活国有资产的存量、多元化引进资金等，也就是说，还有很多工作要做。由于我国整体经济高速发展，2010年中国财政总收入已达8万亿元的水平，这就为解决“三农”问题、解决我国改革发展过程中遗留的历史负担问题提供了绝好的契机。这是政府构建和谐社会必须要做的事情，否则，社会保障体系的缺陷和农村贫困问题与中国整体经济的高速发展极不相称，而且必定会为将来的发展埋下危机。

为城市和农村的低收入人群建立一个安全的生活保障体系，是我国进一步改革发展的需要和必要，也是新一届政府的英明之举。

以上所说的都是财政问题。但是，作为市场经济国家的政府，对于宏观经济调控还有一个更重要的手段，那就是货币政策，下面我们将带领大家进入对货币信用、金融市场、中央银行、股票市场等问题的探讨。

第十一章　银行是如何创造货币供给的

谈到政府、财政、经济，都会涉及钱。说到钱，自然会想到银行。大家通常认为我们手中的钞票是印钞厂印出来的。其实很少有人知道，货币供给是银行通过信用活动创造出来的。

为了确保存款人提款的安全，现代银行体系都有法定准备金制度。比如，法定准备金率是10%，一个储户有1 000元钱存入商业银行，该银行就必须把其中100元缴存到中央银行，它只能贷出去900元。贷到款的人如果再把这900元存入银行，该银行必须继续将其10%即90元缴存中央银行，而只能再贷出810元。如此下去，最终市场上的货币供给量将从开始的1 000元变成最终的1万元。货币供给就是这样成倍地放大，导致经济增长加快的。

明白了这一点，你就会知道现代社会在经济与银行之间，已经形成了环环相扣的紧密联系。这时你才会明白，如果有人不断把存款从银行提出来藏到自己床下的时候，将产生什么样的经济灾难。

现在，我们每个人对银行已经太习惯、太熟悉了：你取工资要去银行，你存钱要去银行，你急需钱要去银行，你做生意贷款要去银行，你的企业有大笔资金往来更需要银行帮你打理。今天谁还能离得开银行？

居家过日子，你也许会觉得没有银行对你来说没什么关系，大不了找个箱子把钱藏在床下面；可是经商办企业，要离开银行可就难点了。即使你的企业不向银行借款，但大量资金往来怎么办？但好像也不是离了它就完全不行。人们有这些想法其实都没有错，因为这是从微观角度来思考问题的。如果我们从宏观角度多了解一点银行，了解银行的产生过程，知道现代银行是如何创造货币的，就会知道今天的经济运转是一环扣一环的，就会知道如果我们都把钱藏到床底下将意味着什么，就会知道现代社会一旦离开银行几乎无法运转。它已经深入到社会经济生活的骨髓，渗透到我们的毛细血管中，左右着我们的生活。银行已经成为一国经济生活的神经中枢，构成我们生活中不可缺少的一部分。

银行是怎么产生的？银行是在货币的基础上产生的。那货币又是怎么产生的？货币是人们因为交换的需要而产生的。像人民币、美元、欧元、日元、英镑等，都是货币。货币，也就是我们大家熟悉得不能再熟悉的钱。但从经济学的定义上搞清楚究竟什么是货币，货币到底有什么用处，对我们理财能力的提高仍然是很有帮助的。

货币的第一个职能是作为交换的媒介。我们每个人身上或多或少都要带些钱，用来购买商品和服务。货币就是交换的媒介，没有它，这些交换几乎是无法完成的。

货币的第二个职能是作为价值贮藏的手段。也就是说，一种货币在一定时间内必须能够保值。否则人们将不要这种货币，宁愿把它换成商品或其他国家的足值货币。如果你有钱，你就会想到让它以什么方式存在才能让你的钱保值或增值。你是保留人民币呢，还是收藏黄金或者古董什么的？如果货币可以自由兑换，你是愿意要人民币，还是愿意换成美元或欧元放着？你会考虑拿着哪种货币更保险、更足值。因此，货币必须具有价值贮藏的职能。

货币的第三个职能是作为计量单位，也叫价值尺度。你到商场买东西，不同的商品有不同的价格，相同商品在不同的商店价格也不同。例如，一台笔记本电脑如果放在专卖店，价格可能会贵一些；如果在大型超级市场里卖，价格可能就会便宜一点。我们用什么来表现这不同的价格呢？用货币。就是说，货币是一种计量的单位，如果没有货币，商品和服务的价值就没有办法去比较。

货币的第四个职能是作为延期支付的手段。假设你经营一家制造厂，但现在的经济环境已经是买方市场，向你供货的原材料厂商太多，选择的主动权在你手上。这时候你告诉供应商：“你先把东西放下，两个月后我再付钱给你。”为什么这样呢？因为你的产品送到商场，商场要把你的东西卖出去才给你钱，拿到了钱你才能把欠原材料厂商的货款还上。这是一种商业信用行为，在我们的经济生活中比比皆是。之所以能够相互赊欠，是因为货币具有延期支付的职能。

什么叫货币？我们说货币就是同时具有这四种职能的物品：第一，交换媒介；第二，价值贮藏；第三，计量单位；第四，延期支付。只有同时具有这四种职能的物品才是货币，缺一种都不叫货币。从表面看，这是一些理论知识，但只要你理清思路，仔细想想，其实货币的每一种职能都在告诉你一条理财的思路：怎么样使你手中的钱保值，变得更值钱，还能赚更多的钱。这可是一门不小的学问。

由于货币所具有的延期支付职能，在人们之间产生了商业信用，出现了相互赊欠的行为。随着信用行为的增多，在大量信用的基础之上，出现了一个中介机构来从事货币的存贷业务，让人们都遵守信用制度，这个中介机构就是银行。银行的出现，在更广泛的基础上创造了信用，使人类社会加快了发展的脚步。

银行是人们理财的一个中介机构，储户把钱存入银行，可以获得一定的利息收入。那么银行凭什么付给储户利息呢？为什么储户取出的钱要比原来存的多一点呢？因为储户把钱存入银行以后，银行又用更高的利息把它贷出去，让那些借款人去赚钱了。当他们把钱还回来时，付给银行的利息要高于储户的存款利息。银行就是靠高贷低收，从中赚取差价生存的。当然，现代银行已经有了更多的金融服务功能和更多的收入渠道。

但我们要抓住最根本的东西：在现代社会，货币供给是由银行创造的。这一点大家很难理解，所有人都要问，我们手中的钱难道不是印钞厂印出来的吗？银行怎么能创造货币供给呢？现在就让我们来看看银行究竟是怎样创造货币供给的。

当储户把钱存进银行的时候，银行不可以把这些钱全部贷出去，因为如果银行要把全部存款贷出去，当储户取钱的时候，银行就没钱支付了。银行当然希望把钱贷出去越多越好，因为贷出得多，收回的贷款利息就多，银行的赢利就高。可是当大家都去取款的时候，银行没有钱意味着什么？所有的储户都会恐慌，他们全跑到银行去提钱，就会发生挤兑现象。因此，各国中央银行都规定了一个法定准备金率，即商业银行不能把储户的存款都贷出去，它必须按比例留下一部分作为准备金，强制性地存入中央银行，以防万一储户来提款时，银行要有钱付给他。

那么，银行到底应该留多少准备金呢？它只能准备一部分，不可能把存款全部作为准备金，否则银行还怎么赚钱呢？银行是靠存款和贷款之间的利息差来生存的。不同国家规定的中央银行法定准备金率是不同的，即使同一个国家，不同时期的规定也是不同的。如果中央银行规定法定准备金率是10%，就是说储户存了100元，商业银行必须把其中10元缴存到中央银行；如果准备金率是20%，商业银行就必须缴存20元，这就是法定准备金。

我国的商业银行也要缴存法定准备金。当储户到路边某个银行去取钱时，银行一定得有钱给他，银行要是没钱，它就得去中央银行或者找其他银行拆借，无论如何得兑现储户的钱，这是银行的信用。银行为什么能找中央银行去借呢？因为它在中央银行存放了法定准备金。

好了，现在我们来看银行是怎样把钱创造出来的。假设我国的法定准备金率是20%，一个储户将1 000元存入中国工商银行，中国工商银行必须把200元留下交给中央银行——中国人民银行，它就只能贷出800元了。有个人正好去中国工商银行借800元，他要买一台录音机。到了商场，他把钱交给柜台，商场又把这800元存入它的开户银行——中国农业银行。当农业银行收到这笔钱的时候，这800元钱不能都贷出去，必须把其中160元上交中国人民银行，它只能贷出640元。这时正好有人想买个复读机，去农业银行借钱，当他借到640元后，到一家超市买复读机时把640元钱交给收款台，这家超市又把这640元存入开户的中国建设银行。建设银行接到这笔钱后，还要把20%的法定准备金交到中国人民银行，它只能贷出512元。如此下去，储户的1 000元存款通过银行系统不断的存贷而放大，最后变成了多少钱呢？在账面上银行新增存款是5 000元，新增贷款是4 000元，货币总量增加了5 000元，法定准备金是1 000元。通过这个例子你就可以知道钱是怎么从银行创造出来的。中央银行并没有多印一张钞票，钱怎么就多出来这么些呢？这就是银行通过信用活动创造出来的。所以，商业银行具有创造货币供给的功能。

最初的1 000元是储户存进去的。然后每发生一次存款行为，银行都要把法定准备金交给中央银行，如此下去。初始的1 000元放进银行并没有增加货币总量，只是该储户的现金变成了活期存款形式。但是后来银行存款的总量陆续增加到5 000元。而储户原始的1 000元到哪儿去了？都进中央银行了，成为法定准备金。这个过程说明了什么？这个过程创造出多少货币？货币供给增加了4 000元，货币总量增加到原始资金量的5倍，这个例子假设的法定准备金率为20%。如果法定准备金率是10%呢？就是10倍，初始的1 000元会变成1万元；要是5%呢？就是20倍，初始的1 000元就变成2万元。这时候我们就看清楚了钱究竟是谁创造出来的。现代社会流动的资金是在银行创造的，银行通过什么来创造货币呢？它通过信用在创造货币供给，这些货币叫做信用货币。我们日常用的钞票确实是印钞厂印出来的，但是作为全社会的货币供给，却是银行通过信用创造出来的。

只有通过银行的信贷活动所创造的新的存款，才是现有货币量的增加。所以，当大家把钱存进银行的时候，经济就可以开始加速了。因为你把钱放进银行，银行把它贷给别人，别人再放进银行，银行接着再贷出去。就这样，一笔钱一直这样存贷下去，货币供给量可能成倍地增加，经济规模和增长速度可能成倍地放大。这就是所谓的“乘数效应”。

听起来好像是个数字游戏。但是仔细想一下，当我们每个人真去银行取钱的时候，银行应该有钱，我们应该能取出来。是的，因为这并非纯粹是数字的虚增，而是在每一个环节上都有新的财富创造出来。到银行存钱的人，他是从哪里得到这笔钱呢？因为他销售了产品，为别人提供了服务，获得了报酬；而那些从银行借钱的人，他最终也要通过自己的经营活动获得利润，才能再把这笔钱还给银行。所以，这里每一个环节都在创造着财富，都在增加着财富。那么银行通过信用机制创造货币供给，也是实实在在的。

因此，银行的信誉越好，它创造货币供给的能力就越大；一国的法定准备金率越低，银行创造的货币供给就越多。这就好比一个货币的水龙头，当法定准备金率降低时，水就会流出来；当法定准备金率提高时，资金之水就开始被抽走。明白了这一点，你就会知道为什么中央银行调整法定准备金率会发挥出很强的调控宏观经济的作用，可以牵一发而动全身。同时还能明白，现代社会的经济是一环一环扣在银行身上而加速运行的。当有一天大家都不到银行存钱，或都把钱从银行取出来放到自己床下藏起来的时候，整个经济的链条就断掉了。

你看，在微观上行得通的事情，在宏观上也许就会产生一场灾难，最后的结果很可能连藏在床下的钱也不值钱了。因为那时的经济可能早就瘫痪了，物价已经涨到不知哪里去了。这是因为，我们社会的货币供应是在银行循环往复的存贷过程中创造出来的，信用一旦崩溃，犹如电路掉闸，整个经济生活都会陷入一片黑暗之中。

第十二章　信用是经济运行的基石

如果有一天一个人去一家银行取钱，银行没有钱支付给他了，银行有可能因为对一个储户失去承兑的信用而带来灾难。因为信用的缺口一旦被打开，紧跟着就会有越来越多的人不相信这家银行，人们开始集体涌到银行去提现。要知道储户是有权随时提取存款的，但银行贷出去的钱却不可能随时收回。

从理论上讲，再好的银行也难以承受挤兑。因此，一个国家一旦发生经济萧条、信用丧失、银行挤兑，就可能一圈圈地迅速蔓延。如果这时政府不加大货币供给量进行抢救的话，就有可能出现银行连锁倒闭，引发通货膨胀，使经济陷入恶性循环，甚至最终导致政府破产。这一切在亚洲金融危机和阿根廷金融危机中清晰可见。

银行失去信誉而破产是非常可怕的事情。因为银行破产首先打掉的是人们对金融制度的信心，进而动摇人们对整个经济的信心。失去信用的经济，将随时面临灭顶之灾。

中国经济走到今天，大家常常感觉到的是现在社会的信用不足。企业之间相互拖欠已经成了习以为常的一种经济现象：你欠我，我欠他，三角债问题一度非常严重，经济运行处处卡壳。相反，注重信用的企业发展得就不一样了。

美国的沃尔玛公司现在已居世界500强之首，即在全世界500强企业中排名第一，但该公司只经营超市。起初，它是一对美国夫妇在四五十年前开的一个零售商店，就这么一个小小的商店如今竟然发展成为一个大的跨国公司，一个跨国的超级市场。人们不禁要问，一家超市怎么能发展壮大得那么快呢？

沃尔玛公司1995年进入中国的时候，公司的中国区总经理这样说，他们的目标是让沃尔玛超市占领全中国市场。他之所以这样说，是看准了当时我国市场经济的信誉不足。而它的营销方式则是一手交钱，一手交货。只要厂家把货送来，它就把货款付给厂家。我在深圳给MBA班的学生上课时，问他们把自己生产出来的货送到哪儿销售，他们说："我们送到沃尔玛超市，因为它那儿是一手交钱，一手交货。”沃尔玛的营销策略是以商品价格的70%进货，然后以90%的价格卖给顾客，它给顾客10%的实惠，自己赚中间的20%差价。当然这20%中有一部分给了银行。为什么呢？因为沃尔玛信誉良好、经营状况良好，它交货就付给厂家的现金中的很大一部分来自银行的贷款。这样，它就可以低成本运作了。

我又问："为什么你们的货不送到别的超市呢？"他们说："如果送到别的超市去，有2~3个月的账期，等我们去结款的时候，不仅回款非常难，而且还有风险，如果那个超市倒闭了怎么办？所以我们愿意把货给沃尔玛超市，虽然利薄，但是能够收回货款。"这样一来，沃尔玛超市在中国的发展自然就快了。当然，沃尔玛模式也不是在哪儿都能成功，它在德国就没有成功，因为德国的超市相当发达，信用制度也发达。在我国经济运行中普遍信用不足的情况下，沃尔玛利用自己的良好信用赢得了发展。虽然随着竞争的加剧和环境的改变，沃尔玛也在调整付款政策，但这个例子只是从一个微观的角度说明，在我国经济发展过程中，信用是一件非常重要的事，它已经成为经济运行的基石，而且信用的重要性尤其体现在金融领域。

我们现在看另一个实例：2002年，国内一家证券公司发行基金，它想通过中国工商银行代理发行，就是让中国工商银行帮它销售。这时公司里有人想出高招儿，说咱们对外就这样说：某公司和中国工商银行联合推出一个基金，让大家快来买。该公司这样做有问题吗？很多人都认为有问题，但不知问题出在哪里。

这是典型的拉大旗做虎皮，用银行信用包装商业信用。它说这个基金是跟中国工商银行联合推出的，人们就会以为它也是银行的正常业务，大家信得过，可以放心买。实际上银行只不过是帮它卖而已。

我们说，证券公司的所作所为只是一个企业行为，它的基金销售业绩如何，主要取决于基金本身的赢利能力和信用状况，但它却说与中国工商银行联合推出这个基金，人们相信的并不是这家公司，而是中国工商银行。如果它的经营出了问题，中国工商银行是要负一定责任的，因为当初人们是看中中国工商银行的信用才买这只基金的。证券公司这种做法是把中国工商银行的信誉抵押进去了。如果中国工商银行也出了问题，又是把谁的信誉抵押进去了？我们之所以相信国有银行，是因为相信银行背后那个占主体地位的政府。该证券公司不但抵押了国有银行的信用，还连带抵押上政府的信用。一旦这个证券公司真的出了问题，买基金的人就会凭着这则广告来找银行。我们说，这个券商是可以破产的。如果真的发生这样的事件，就会牵连到中国工商银行，还会牵连到政府的信用，导致一系列问题。所以，一个小小的公司营销策划案，竟然把国有银行和政府的信用都连带抵押进去了，这显然有商业欺诈之嫌。这件事情也许不会发生如此严重的后果，但背后反映的却是一个信用制度问题，一旦这种模式被复制和扩散而不被追究法律责任，后果将会非常严重。果然，政府后来很快就制止了这种行为。由此可见，银行的信用是多么重要。

再看一个例子，1997年发生的广州国际信托投资公司破产案是一个震惊世界的事件。原来中央政府是想救这家公司的，经过调查才发现，公司竟然负债130多亿元人民币。最后没办法，只能宣布该公司破产。当广国投破产的消息宣布时，那些投资于广国投公司的外国银行纷纷责问中国政府凭什么让它破产。这个公司原来是广东省政府下属的一个金融机构，但是政府早已发出文件，明文告之它已经和政府脱离了关系，不再是广东省政府的下属单位了，而是一个独立经营、自负盈亏的法人机构。但是国外的那些银行不太清楚，以为它还是政府下属的金融机构，因此很多银行融资进来。这些银行家们想，这多合适啊？有这么高的利率，又是政府办的金融机构，只要有中国政府在，还能亏了我们吗？所以，当时很多外国银行和金融机构都毫无顾虑地把钱放进来了。

结果，当宣布这家公司破产时，它们就纷纷来质问，你们中国政府凭什么不讲信用呢？你们先让我们把那么多钱投进去，然后又让它破产，我们的钱怎么办？难道就不还给我们了吗？这时，政府只能说：是的，该公司早已是一个企业，它的所作所为不是政府行为，我们对此不该负责任。你们国外的银行在投资前就应该想好了，看好风险。世界上哪儿有这么便宜的事，投资时完全没有风险？你们要对自己的投资风险负责，而且我国政府相关的文件早已经明确了这一点，这是你们自己的问题，我们政府是管不了的。

这件事发人深省，尽管债务最终是按照风险自担的市场化的方式解决了，但事情过去之后造成很不好的影响。当时在香港，很多中资企业生存已经非常困难，那些外国银行纷纷收回了它们的贷款，它们都不愿意借钱给中国的企业。很多中资企业因为外国银行不再继续提供维持企业正常运营的贷款，已有的贷款又被追回，它们度过了一个非常艰难的时期。

这里说的还只是一家金融机构，对于一个国家的银行体系来说，信用就更重要了。我们几乎可以这么说，银行是在信用的基础上产生的，没有信用，谁敢把钱存进银行？没有人存钱，银行拿什么去放款呢？尤其是在现代社会，银行在更大的基础上创造了信用，它在不断创造货币供给。我们可以想一下，现代社会如果离开银行系统，它还能转动吗？银行为我们每个家庭、每个企业、每个城市的政府乃至国家都充当了一个出纳，它已经成为经济生活的神经中枢。我们可以看到，世界上发生了这么多金融方面的问题，大多数的危机都来自银行。不管什么原因，只要人们从银行取不出钱来，或银行没有钱支付给储户时，就会出大乱子。人们开始集体到银行去提现，去挤兑，银行就要面临破产。政府去抢救，加大货币供应，又会引发通货膨胀，甚至导致政府破产等，一系列灾难就会紧跟着发生了。

在当今世界，有的国家和地区甚至在很大程度上是靠银行发展起来的。比如说瑞士，还有一个就是中国的香港特区。如果你到香港走一走就可以看到，街上的银行比米铺还多，数一数有7 000多家。你到港岛的中环，看到的高楼全是银行，每个银行又开了好多支行。世界上很多大银行都在香港开分行，亚洲的钱，世界各地的钱，都在香港这个国际金融中心运转着。因为香港是一个自由港，是中国的一个特区，人们相信资金在这里可以自由支配和运作。

我们再来看瑞士，这个国家不大，它的主要产业是生产钟表，但更重要的是它的银行体系。为什么人们相信瑞士的银行而不怀疑它的信用呢？因为瑞士是永久中立国，人们不用担心大笔的钱财存在那里会由于激烈的国际冲突而损失，银行不会为了卷入外国政治而去牺牲自己客户的利益；另外，瑞士银行有全世界最严格的客户保密协议，人们不用担心资金的秘密被泄露出去；当然，还有瑞士相对充足的黄金储备等。这一切只是说明，人们有足够的理由相信它。这样就有数不清的巨额资金存进了瑞士的银行，很简单，就是因为它可靠。

看到瑞士的永久中立国制度、存款保密制度和充足的黄金储备，我们就会想到，银行信用最终是要靠各种健全的机制来保障的。前面谈到的存款准备金，实际也是一种信用保障的机制。当所有的银行都缺少资金的时候，储户会去挤兑，银行就面临着恐慌，有些银行就会破产。20世纪30年代的美国就是这样，从1929开始的四年间，有9 000多家银行倒闭，出现了很多挤兑现象，使美国乃至全球经济陷入了长时间的大萧条之中。于是美国在1933年建立了联邦存款保险制度，就是要求所有银行上保险。法律不允许储户取款时银行没有钱支付，因为银行倒闭储户利益就会受到损失。

防范银行风险，建立健全的信用机制，是一件非常重要也非常困难的事情。有时候即使是有严格的制度规范，也难免会出现意外。我们看一个很有启示意义的例子，英国的巴林银行作为全球最古老的银行之一，曾经是英国王室和贵族最为信赖的信用机构。虽然它有两百多年的经营历史，却仍没有逃过破产的结局。而最令人震惊的是，造成这个结局的只是银行里的一个违规操作的交易员，名叫尼克 · 里森。

里森1989年进入巴林银行，1992年担任巴林银行新加坡分行总经理。他在新加坡从事期货交易，期货交易员难免会在交易中出现一些错误，因此他们一般都会开设一个特殊账户，暂时存放那些错误的交易，等待适合行情出现时再挽回损失。但是，这个账户在里森手中被改变了用途，他把自己失败的交易记录其中，用以掩盖损失。没想到窟窿越盖越多，越补越大，到了无法收拾的地步。里森利用欺骗的手段，最后竟然使巴林银行蒙受了8.6亿英镑的巨额损失，并最终导致了巴林银行的崩溃和倒闭。1995年2月23日傍晚，已经赔光了整个巴林银行的里森踏上了逃亡的旅程，但是逃亡生涯仅仅持续了四天，他在德国法兰克福机场刚刚走下飞机就被逮捕了。

巴林银行倒闭事件除了说明银行在用人制度上需要检讨外，也说明在现代金融市场上，一些金融风险很容易被放大，因为交易手段太先进、交易金额太大了。现代金融的特点表现为：发展非常快，因为制度先进，交易手段先进，因此效率非常高，经济规模迅速膨胀；一旦经济出现问题的时候，也表现为更加迅速的衰败。

进入20世纪80年代以后，银行的破产率反而进一步上升了，特别是日本这个国家，在1989年经济泡沫破裂之后，银行出现了大量的呆账和坏账，至今它的银行问题都没能完全解决，还在影响日本经济的复苏。俄罗斯1998年也出现了债务市场的危机。当时，政府允许私人开银行，只需很少的钱就可以注册一个银行。于是很多人都去开银行，为了争储户，存款利率越升越高，直至1 800%，最后很多家银行都破产了，因为它们没有这么高的赢利，怎能支付储户的利息呢？所以，银行破产的时候是非常可怕的，因为银行破产首先打掉的是人们对银行的信心，当人们对银行的信心不复存在时，银行就会倒闭。当人们都去抛出货币时，整个国家的货币就会贬值甚至崩溃，通货膨胀就这样来临了。

发生在1997年的亚洲金融风暴就是这样的，人们对银行、政府失去了信心，不再信任本国货币，从而争相抛售，导致货币大幅贬值。最后使一个国家几十年辛辛苦苦努力创造的经济成就在一两年内很快就破灭了。2002年阿根廷金融危机也是这样，由于人们对本国货币失去了信心，对银行不再信任，所有人都去银行提款。每个人都在想，如果今天不取钱，可能明天货币会更贬值。最后，甚至发生了骚乱。没办法了，政府高层官员只好像走马灯似的不断更换。2008年发生在美国的金融海啸，在不到一个星期的时间里，华尔街的五大投资银行都倒下了，这场金融海啸危机遍及全球，各国都受到了影响。

银行是信用的产物，如果失去了信用，银行将不复存在。在现代社会，银行已经成为经济生活的神经中枢，如果它出了问题，整个国家的经济就可能面临崩溃。所以现代社会经济是靠信用来运行的，信用是市场经济的基石。

第十三章　中央银行起什么作用

你有没有想过，我们平时去存钱的商业银行，它接受了那么多的存款，也放出大量的贷款，万一这些贷款收不回来怎么办？当我们存在银行的钱取不出来时，谁该对此负责任呢？还有，如果我们手中的货币贬值了，该找谁去补偿损失呢？万一商业银行出了问题，谁来救它们呢？

中央银行是一国经济的总枢纽，尤其是在市场经济国家。了解中央银行是了解宏观经济的一个重要窗口。中央银行在经济生活中要解决两个问题：第一，要保护储户的利益；第二，要保持一条融资的渠道。现在社会经济的发展、企业的壮大，离不开一个健康的商业银行体系。中央银行是这些商业银行的管理机构，同时它还要制定货币政策，保证一国币值的稳定。

在经济生活中，我们打交道最多的是商业银行，相对熟悉的也是商业银行。但我们还听说有一个中央银行，尤其是当商业银行利息变动的时候，总是听到中央银行宣布在什么时候降息多少、升息多少。还有法定存款准备金率，也是由中央银行来决定的。那么，一国的中央银行是干什么的？它是怎么产生的？中央银行起什么作用？它为什么会有这么大的权力呢？有了商业银行就能存钱和取钱，它还能贷款，这不就足够了吗？为什么还要有中央银行呢？

因为人们对银行的安全有更高的要求，而不仅仅停留在一家银行经营的承诺保障上。这就需要有人来管理这些商业银行，让它们别出问题，至少让我们存在银行里的钱在需要时能够取得出来，所以就有了中央银行。

20世纪初的时候，美国还没有中央银行，那时美国的商业银行经常出现支付危机。因为银行把钱都贷出去了，当储户来取钱的时候，它们没钱支付。一家银行如果没有钱的话，风声一旦传出来，其他银行的门前就会排起长队，大家都抢着去提款。因为所有人都害怕到明天就取不出钱来了，如果大家都去取，钱就真的取不出来了，这就是挤兑。说起中央银行，并不是说自从有了从事存贷款业务的商业银行那天起就同时有了中央银行，中央银行的出现有一个过程，也有其原因。

我们先讲个故事，看看美国在没有中央银行的时候，银行出了问题、政府财政出了问题是靠谁来解决的。

19世纪末20世纪初，美国有约翰·皮尔庞特·摩根（John Pierpont Morgan，1837~1913年）这么一个人，那时他一个人扮演了今天中央银行的角色。而他又是怎样做到的呢？摩根的父亲是个银行家，结识了很多富有的欧洲银行家。摩根17岁进德国格丁根大学读书，他的数学天赋非常高。毕业后，他到纽约一家银行工作，从会计员干起，他的计算速度像闪电一样快。1860年，一个偶然的机会，他到南方新奥尔良出差。有个船长急于卖掉一船的咖啡，摩根先用公司的钱买下这船咖啡，然后再卖给公司的商人，从中赚了一笔钱。这次新奥尔良之行，他认识到了自己的潜力。

摩根1861年离开了银行，他觉得自己有本事了，又有经商的头脑，就准备把欧洲的钱借到美国来。当时欧洲的经济发展比较好，而美国正在打南北战争，国家急需要钱，他决心在商界大展宏图。1879年，一个机会来了，美国纽约中央铁路公司要卖掉25万股股票，他接受了这个挑战。但他开出的条件是：我可以帮助你们做，但是我一定要成为公司的董事。他真的把这件事做成了。渐渐地，摩根在纽约华尔街名声大振，成了华尔街的主人。

要知道在19世纪末，美国的铁路公司竞争非常激烈。有两大铁路公司争得你死我活，面临一场灾难。摩根临危受命，大家请他出面去帮助调解。摩根确实是个天才，他把两家公司的老板邀请到自己的游艇上做客，商量解决的方法，看是否有妥协的可能。这两人一开始不同意，吵得很凶，他的游艇就一直在湖上荡来荡去，最后，两个老板握手言和，同意互不侵占对方地盘，签下了著名的“考沙尔协议”。摩根终于凭自己的实力成为大亨，他以后做的每一件事都要求对方：我帮你做了这件事，你一定把你公司的股份分给我。所以，就出现了“摩根化”、“再摩根化”。他成了很多大公司的董事或者董事长，他做的每一件事都是这样的。

到了1893年，美国的股市垮了。美国经济进入一个萧条期，铁路公司也垮了，形成了多米诺骨牌效应。摩根当时非常有权势，他重组了这些公司，并拿到这些公司财务的控制权，摩根的实力越来越强大。

1895年，由于经济的萧条，美国财政也出了问题：国库的黄金储备马上见底，借的外债也还不上了，联邦政府面临破产。摩根去华盛顿见总统，有人说总统不见他。他说：“我来这儿就是要见总统的。”因为他知道国家遇到了危难。果然，第二天总统接见了他。这时美国财政部只剩980万美元的黄金储备了，而且还有一张面值1 000万美元的汇票马上要到期偿付了，如果不能兑现，政府真的就要破产了。格罗弗·克利夫兰总统问他：“摩根先生，你有什么建议？”摩根回答说：“美国法律是允许财政部购买黄金的。”结果，他向欧洲的银行借了黄金，几天之后，黄金运到财政部，政府借的钱还上了，经济稳定了，他把这场危机解决了。所以大家知道，美国在19世纪末的时候没有中央银行，全由摩根一人承担。

到1907年，美国经济又出了问题，大公司一个接一个地倒闭。西奥多·罗斯福总统命人赶快去请摩根，让他出面请求银行家们合作。摩根立刻把所有的银行家请到自己的私人图书馆里，让他们商量该怎么办。然后他出去，把门锁上，自己到另一个房间，坐在桌前玩纸牌。他在洗牌，等待着谈话的结果。这些银行家们一整夜都在谈究竟怎么办才能解救这场危机。大家知道，当企业要倒闭时，银行是不愿借钱给企业的。越没有钱，企业倒闭得就越快。当大公司要倒闭的时候，没有哪一家银行敢贷给它款。可是如果银行见死不救的话，经济就会呈现连锁反应，整个经济就会崩溃，人们只能指望政府出面解救经济危机。这些银行家们争来争去，有人说出500万美元，有人说1000万美元，摩根说不够。最后快到天亮的时候，摩根推门进去说："这是合约，这是笔，大家签字吧！"他拿出早已让别人起草好的合约，让银行家们签字。筋疲力尽的银行家们拿起笔在合约上签了字，同意出2 500万美元去解救这场危机。几天后，美国经济就恢复了。

1913年3月31日，摩根在罗马去世。他给儿子留下了20亿美元的资产，才有了后来美国的摩根财团。为了纪念他，纽约证券交易所特意停牌一个上午，这是从来没有过的先例。在美国出现中央银行之前，是摩根一个人起到了中央银行的作用。联邦政府财政出了问题，找他出面解决；大公司出现问题，找他出面调停；银行出现问题，也请他出面解决。但是，这终非长久之计。一个国家的经济规模越来越大，不是一个人、一个财团可以胜任解决所有的经济危机的。而且长此以往，也难免有失公允。于是，1913年12月23日，美国国会通过了《联邦储备法》。1914年，美国的中央银行——美国联邦储备系统成立，主要由联邦储备委员会、联邦储备银行和联邦公开市场委员会等机构组成。

尽管最早的中央银行公认是建于1668年的瑞典国家银行，现代中央银行的鼻祖是建于1694年的英格兰银行，但是中央银行成为一种普遍的制度，是从1920年开始的。布鲁塞尔国际经济会议决定，凡未成立中央银行的国家，应尽快成立，以稳定国际金融，消除混乱局面。

中央银行成立后，它该做些什么事情呢？它要管理所有的商业银行，不能随便出现问题。当储户把钱存进去，银行就把所有钱都贷出去，当储户去取钱时银行没钱，银行就会倒闭。如果银行把钱贷给企业，企业不能按时还给银行，银行又怎能把钱还给储户呢？所以，中央银行在经济生活中要解决两个问题：第一，它要保护储户的利益；第二，它要保持一个融资的渠道。现在社会经济的发展、企业的壮大，一定要有商业银行体系的存在。中央银行是管理这些商业银行的机构，它要制定货币政策，保证一国币值的稳定。

一个国家的公民持有本国货币，必然要求手中的钱能够买到足值的东西。保证货币足值和稳定的任务，就落到中央银行头上。保证币值的稳定是中央银行的职责。由中央银行来发钞，由它制定法定准备金率，制定贴现率，进行公开市场操作等。中央银行规定，所有的商业银行，如果它们接受存款的话，就必须上缴法定准备金给中央银行。当商业银行出现支付危机的时候，可以找中央银行借钱。因此，中央银行在经济生活中起的作用非常大。

中央银行负责发行货币，币值的稳定与否是一国经济是否健康的一个重要指标。如果一国货币在升值的话，就说明该国的经济好了。如果大家都认可你，都来要你的货币的时候，你的货币就会升值；如果大家都不相信你，都去抛出你的货币，当然你的货币就要贬值。所以货币标志着一国的经济实力，它是一种信心的象征，人们愿意要这种货币是因为它的足值和稳定。

中央银行作为一国银行的总枢纽，有官方的地位，它是政府管理商业银行的代理机构。中央银行不能经营一般的存贷业务，它的使命是制定货币政策，保证币值的稳定。为什么中央银行不能去经营存贷业务呢？因为它代表中央政府，如果中央银行制定游戏规则，自己还做存贷业务，这就好比它既当裁判又当球员，那所有人把钱都存入中央银行多保险啊！这样一来，那些商业银行还能生存吗？所以，中央银行只能制定货币政策，保证货币的稳定和它的公正性。只要让本国货币足值，只要保障人们随时能取出在银行的存款，那么中央银行就起到了它的作用。

大家知道，你手中的每一元钱都是中央银行对你的负债，因为它是中央银行发行的钞票。你有权要求1元钱钞票能买到1元钱的东西，你也可以随时换来价值1元钱的产品和服务。如果你手里的1元钱只能换来5角钱的东西，说明该货币已经贬值了50%；相反，如果你手里的1元钱可以买到两元钱的东西，说明它升值了100%。

正是因为需要发钞，需要保证币值稳定，需要保证金融安全，尤其是银行体系的安全，还有为国家保管黄金、替政府发债等职能，中央银行才应运而生，并已经普遍植根于各个国家的金融制度中。到今天为止，世界绝大多数国家都有了自己的中央银行，比如美国的联邦储备系统（简称美联储）、英国的英格兰银行、德国的德意志银行、中国的中国人民银行等，它们都是本国的中央银行。

第十四章　央行治理经济的思路是什么

西方经济学理论认为，中央银行应该相对独立于政府之外，它不能完全听命于政府。因为中央银行最重要的任务，就是要保证一国币值的稳定。如果中央银行完全听命于政府的话，某届政府就可能为了政绩，要求央行开动印钞机多印一些票子配合政府行为（包括还债、战争、刺激经济等），这将给经济带来灾难。因为货币增多会导致该国的货币贬值，没有人再相信这种货币，经济就会出问题。

中央银行治理经济的思路十分清晰，就是当经济过热的时候，它会出台新的货币政策，通过市场工具，关紧资金流入市场的闸门；当经济过冷的时候，它会打开闸门，让资金流入市场。美国联邦储备委员会前主席格林斯潘的办公桌上放着这样一块牌子，上面写着："钱从这里滚出来。"

中央银行在经济生活中的作用非常重要，因为有了它才能管住整个银行系统。那么中央银行的作用究竟有哪些？它的职能又是什么？

中央银行有三个最重要的职能：第一，它是发钞的银行。一个国家的钞票是由中央银行发行的，任何银行都不可以随便发行钞票，只有中央银行独占货币的发行权。你去看一看世界各国的货币：美元是美国中央银行发行的，英镑是英国中央银行发行的，欧元是欧盟的中央银行发行的。一旦中央银行把钞票发出去，它就对所有持票人负债了。人们手里拿到1元钱的时候，这1元钱一定要有1元钱的购买力，如果人们买不到价值1元钱的东西，就是中央银行的责任，因为是它让货币贬值了。所以，中央银行的任务就是要保持货币足值，这是它的第一个职能。

第二，它是银行的银行。它充当了所有商业银行的坚强后盾。商业银行接受中央银行的监督控制，所有商业银行的法定准备金都要缴存到中央银行。我们知道，现代社会的货币供给可不止是印钞厂印出来的，更多的是商业银行通过信贷活动创造出来的。商业银行通过它的信用，不断地创造新的货币供给。所以，当商业银行接受一笔存款的时候，它一定要按照法定准备金率，把这笔准备金缴存到中央银行，由中央银行保管。如果商业银行哪一天出现支付危机的时候，或者储户来提款银行没钱的时候，商业银行就可以去找中央银行贷款，去应付紧急情况的出现。同时中央银行还可以统一办理各银行之间的结算，成为全国商业银行的结算中心，这些都由中央银行去做。

第三，它是政府的银行。中央银行代表国家来管理银行，所以它又是政府的一个理财机构。它跟财政部一样，财政部负责政府财政上的收入和支出；而中央银行负责制定货币政策，负责管理国家的这些钱；通过制定货币政策，控制下面的商业银行，进而控制经济运行中货币的投放量，或紧或松，因为钞票是它印发的。此外，国家的外汇储备及黄金的保管，也是由中央银行去做的。所以，中央银行在一个国家经济生活中的地位举足轻重。

西方经济学理论认为，中央银行应该相对独立于政府之外，它不能完全听命于政府。中央银行和财政部同是政府的理财机构，但是它和财政部不一样，财政部要完全听命于一届政府，而中央银行却不能完全听命于一届政府。原因何在？

中央银行最重要的任务是保证一国币值的稳定。譬如，美国决定要打一场战争，总统让财政部配合，扩大财政支出。财政如果有足够的税收，就可以加大政府支出；财政如果没钱，政府可以去发国债，让本国的老百姓买；政府还可以发行外债，让国外的人来买。这样美国政府就可以筹措到战争的款项。但是，美国政府可以命令中央银行，让它增发钞票吗？如果中央银行和政府穿一条裤子的话，我们说，这个国家的货币肯定就会贬值，因为中央银行已经开始对它所发行的货币不负责任了。所以，中央银行不可以随意听从政府的旨意。它必须相对独立于政府之外，要对本国货币负责任，对本国经济增长负责任，对银行体系的安全负责任。

让我们以美国为例来说明这个问题。美国中央银行的行长是美国联邦储备委员会主席，他也不能全听总统的话。而且美国在制度上对此作了这样的规定：一届总统任期是四年，一届美联储主席任期也是四年，但是法律规定这两个任期正好错开。总统上台两年之后才可任命美联储主席，本届总统在前一半任期内无权撤换上届总统任命的主席。这就从制度上保证了美国联邦储备系统在制定货币政策上的相对独立性。绝不能因为他不听总统的话，就可以另换一个主席。这样就从根本上保障了中央银行和联邦政府之间有一个相辅相成并相互制约的机制，用于保证经济持续、稳定的增长。

这种制度安排的好处在于：每一届政府都有寅吃卯粮、在任内做出丰功伟绩的冲动，都想为自己和自己所在政党的连任铺路。为了防止政府不负责任的短期行为发生，防止中央银行被行政部门完全操纵的情形发生，才作出这样的规定。这样一来，中央银行对政府的经济政策就具有了一定的制约作用。所以，在美国，只要总统任命一位联邦储备委员会主席，这个主席就相对独立了，在职权范围内，他可以不听总统的。联邦储备委员会开会时，决定降低利率还是提高利率，总统是没有权力干涉的。比如说，一位美国总统想连任，他就告诉美联储主席说："我要连任了，你那里配合一下，多发点货币出来，给经济再加把劲。只要经济搞上去，选票多了，我才有把握再干一届。"但是，美联储主席绝不会无条件听总统的，因为联邦储备系统要对美元负责，它要独立制定货币政策。只有确保了货币的稳定，经济才能稳定。有一个好的经济，公众有信心，才是政党获得选票的前提。

如果中央银行起不到相对独立的作用，甚至完全听命于行政官员，成了行政部门的提款机，就会出大麻烦。

随着我国社会主义市场经济的发展和成熟，我们需要一个好的中央银行，一个健康的中央银行。国家会通过中央银行来调控宏观经济。在过去计划经济的年代，银行只是政府的一个出纳机构。它既可以从左口袋拿到钱，也可以从右口袋拿到钱。不管从哪里掏钱，都只是自己口袋中的变化。现在改革开放三十多年了，社会主义市场经济越来越完善。当市场经济体系健全以后，大家就会看到，一国货币政策的重要性绝不亚于财政政策；一国的中央银行的重要性也绝不亚于财政部。它必须保证整个金融系统的健康，其中货币的稳定是基础。

对贷款投资的人来说，贷款利率就是资金的成本。中央银行通过调升或调降利率，实际上是在调整市场的资金需求。贷款利率高到一定程度时，表明资金成本太高了，厂商就开始不贷款投资了，生产会受到一定的限制，雇工也会受到一定的限制；当利率降低到一定程度时，投资需求会逐渐增加；但当利率低过一定程度，人们对经济预期很不好时，就又没人贷款了。像日本，很长时间以来甚至出现了贷款负利率现象。所以，调整利率是一个市场资金供求的传导机制。

过去，我国更多地使用财政政策调控宏观经济。1998年洪水过后，我们在促进经济增长的时候，更多的是加大国债的发行，加大政府投资的力度，希望带动配套的民间投资和消费。后来，我国政府开始强化中央银行的职能，也动用了货币政策手段，在经济冷的时候降息，经济热的时候加息。只是我国的货币杠杆还不那么灵，随着市场经济的逐渐成熟，中央银行在经济生活中的作用也越来越大。我们要学会理解货币政策，看它对经济发展的影响是什么？中央银行降息意味着什么？升息又意味着什么？利率变动后会带来怎样的影响？如果我国的货币政策见效，币值稳定，经济发展转好，企业都能借到钱，大家都愿意投资时，那赚钱的机会就要来了。

有很多人问：我国银行存款利率太低了，我们是不是应该把钱投到股票市场去？当然，是否投资进入股市，并不只看利率这一个指标。很多人问这个问题，其实反映了经济学的一个基本原理，就是大家模模糊糊地知道，当利率降低的时候，股市会有机会，资金相应就会挤入股市。但为什么会出现这样一条资金的运动轨迹呢？还不是特别明白。简单说，当储蓄利息收入降低的时候，上市公司的分红收入可能就相对提高了，这个问题在专门分析股市的一章中再作详细解释。

我们来看一下，美国的中央银行是如何通过货币政策、通过变动利率来解决经济运行中出现的问题的。

1987年10月19日，美国股市大崩盘，道琼斯工业指数狂跌了22.62%，股票市值缩水近1/4。这一天被称为“黑色星期一”。当时，美联储前主席格林斯潘才上任不久。刚上任时，他觉得美国的通货膨胀比较严重，准备拿通货膨胀开刀。他想减少对市场的货币供应，拧紧货币供给的龙头。因为当市场上的钱少了，人们没有那么多的钱去买商品时，物价自然就下来了，通货膨胀率也可以降下来了。

他万万没有想到的是，刚坐上主席位子没多久股市就大崩盘。10月19日那天，他按照原定日程，到达拉斯出席一个银行家的年会。格林斯潘刚走下飞机，就有人火速赶来说：“主席先生，不好了，美国股市出事了。”他问：“降了多少点？”那人说508点。可是他听成了5.8，心想，这算什么？他还继续往前走。那人又强调说：“主席先生，股市下降了508点！”这时，他才感到问题的严重性。

格林斯潘再清楚不过了，一旦美国股市出了问题，它就会像蘑菇云一样迅速向世界各地蔓延。从美国到欧洲，从欧洲到亚洲，全世界所有的股市都会发生暴跌的连锁反应。怎么办呢？他仔细想了想，现在这个市场最缺的是什么？缺的是钱！因为好多人炒股用的是从银行借来的钱。银行在这种情况下，一定会迅速把所有借出的资金尽可能地收回来。这样，很多借银行钱买的股票就会被银行立刻强行平仓（即卖掉）。因为银行知道，股市再往下走，大多数股票可能最终跌得一文不值，而那些欠银行的炒股钱自然也打了水漂。因此银行会毫不犹豫马上采取行动，强行回收资金，于是又进一步加剧了股票价格的下跌。

当股市暴跌之时，市场上最缺的不是股票，而是现金。银行在强行平仓，个人、机构都拼命想从股市里逃出来，股市陷入恶性循环之中，股指轮番下跌。当大家都想卖出股票逃走的时候，只要没人接盘，股价就会一直往下掉。不仅美国股市是这样，其他市场也同样如此。所以，当时香港股市关闭了四天，等股市开盘的那天，恒生指数狂跌33.5%。这次股灾，全世界股市损失的市值高达两千亿美元。

面对这种棘手的局面，格林斯潘经过反复思考，作出了可以称为他这一生中最重要的决定之一，在第二天纽约股市开盘前50分钟发表了一个声明。他说："联邦储备系统本着它作为这个国家中央银行的责任，在这里宣布，它会作为一个流通货币的来源，对所有经济和金融体系提供援助。"主席果然一言九鼎，用一句话发表了一个历史性的声明，它立刻传遍美国和全球。他在向全球市场传递这样一个信息：大家不要慌，我们有的是钱，我要打开龙头，我要放水给所有需要钱的人。

解读这个声明，格林斯潘如是说："所有需要钱的机构和个人，我都给你们提供贷款；无论你们是做金融的，还是做企业的，我给你们提供贷款，我将打开货币供给的龙头，源源不断地向市场提供资金。"你想，这时候，当人们听到这个市场不再缺钱的时候，还有人会继续割肉抛股票吗？如果大家都不抛了，市场就在这个地方找回了信心，股市就不会继续下跌了。货币、金融、股市都需要人们的信心，如果没有信心，钞票和股票都可能变成没人要的废纸。

声明立刻传遍了全球。美国股市周二收盘时就稳住了，没有发生像1929年那样的崩盘和后来的持续大萧条。一场危机过去了。格林斯潘在如此危急的时刻力挽狂澜，拯救了美国经济。一夜之间格林斯潘改变了原来的货币政策。他本想实行紧缩的货币政策，拧紧资金龙头抑制通货膨胀，结果现在反倒打开龙头，把钱放出来。

格林斯潘认为，这时美国的金融体系已经健全了。正是基于这样的信心与实力，他才敢说：谁需要钱来找我借吧！就这一句话，所有人都不再抛股票了，资金的需求马上就没有那么大了。

谈到格林斯潘，你想知道他是怎样成为美联储主席的吗？

他出生在20世纪20年代的美国，那是个“镀金”的时代。他父亲是犹太人，他是家中的独子。父亲是一个自学成才的金融家，母亲喜欢音乐。他出生后，赶上20世纪30年代美国经济大萧条。在他三岁的时候，父母离异了，他和母亲生活在一起。父亲留给他一封信告诉他：“所有的事情都是有原因的，要找出隐藏在事物背后的原因来。”他小的时候非常喜欢音乐，梦想成为一个小提琴家。但是，他更具有数学天赋，对数字非常喜欢，他的脑袋擅长演算数学题。后来，他开始对经济问题产生了浓厚的兴趣，走入了经济领域。

他有一个习惯，每天早晨5点半起床，要先在浴缸里泡两个小时。这个习惯来自25年前他的医生为他治疗背痛时采用的方法。他发现，在热气腾腾的水里，不仅肌肉放松，而且思路敏捷。这两个小时是他最出活儿的时间，他大概在浴缸里构思了数不清的备忘录和报告。他告诉朋友说，他的智商在早上6点时比晚上6点时要高出20倍。

他在浴缸里阅读各种数据和图表，然后带着他那湿淋淋的讲稿去上班。美联储的无名英雄，其实是那些能看懂他那被水渍过的潦草字迹的助手们。这些人拿去研读，然后发往世界各地，对美国乃至全球经济产生至关重要的影响。

格林斯潘的讲话有一个特点，他的句法总是绕来绕去，相当奇特。例如，在一次国会的对话中他这样说道："我知道，你相信你明白了你认为我所说的，但是我不能肯定，你是不是意识到了你所听到的并不是我的意思？"这句绕口令堪称"格氏警句"。1987年他上台不久，就在一次会上消遣自己一番："自从我就职于中央银行，我就学会了'语无伦次'加'含糊其辞'。如果我令你觉得过于明白了，那你一定是误解了我的意思。"此言一出，哄堂大笑。

全球金融界所有报纸的记者都在追踪他，仔细分析他的发言。但是当他们听到他的发言后，记者们聚在一块儿，每个人理解的都不一样，谁也搞不清楚他说的到底是什么意思。这家报纸理解为，美联储要升息了；那家报纸认为，美联储要降息了；当然还有人说，可能不升也不降。正是这样，没有人能够准确把握他讲话的意图，这样也就不会导致美联储政策出台的失效。

所以，美联储每月决定利息是升还是降，全世界都在盯着看。利率这根杠杆一动，一系列的反应就会接踵而来。如果说美国要加息的话，那么其他国家的中央银行也就面临着加息的压力。因为如果不加息，就可能导致许多人把本国货币换成美元。当然这只是市场的一种正常反应。

格林斯潘是1987年出任美联储主席的，他力挽狂澜，挽救了美国股市，确立了他在华尔街和白宫的地位。到2006年退休，他已经在美联储主席这个位置上干了18年。美国总统都换了好几届，而他还一直坐在美联储主席的宝座上。1996年，美国《财富》杂志说：谁当总统无所谓，只要格林斯潘一直当美联储主席，就没事。

格林斯潘天生对数字就有一种痴迷的喜爱，这一嗜好他保持终生。他在金融界乃至政界升到高位后，一直以对数字着迷、大量掌握各种数据著称。他对经济中正在发生的一切有着深入到细枝末节的了解。他能掌握1万多个经济数据，通过观察这些数据的变化来摸经济的脉搏。大家相信他说出来的每一句话，那是因为他关注经济数据，他从数据的变化中分析物价指数，看通货膨胀如何，看经济中有多少泡沫，看金融市场是否有问题。他是通过这些数据来控制美国货币的供给的。

在美国遭受“9 · 11”恐怖袭击事件之后，美联储曾连续13次降低利率，甚至都降到了1%这么低了，就是希望能振兴经济。但美国经济对降息已经开始反应迟钝，所以收效甚微。这是为什么呢？凯恩斯曾经这样说过：当利率降到2%的时候，这个国家的经济就跌入了流动性陷阱，也就是说货币杠杆开始失灵了，利率再降，也很难刺激投资和消费了。这时候，经济已经很冷了，因为谁借了钱也赚不到钱了。

后来美国为了刺激经济制造了另外一场地产泡沫，对美联储的货币政策提出了严峻考验。

所以，一国的中央银行如何把握利率杠杆和货币政策来治理一个国家的经济，是非常重要的。在一个有良好市场传导机制的经济环境中，货币政策是最能体现市场规律、更加有效的经济政策，但同时也面临国家一系列政治决定带来的重大挑战。

第十五章　货币政策的三大法宝

中央银行货币政策的第一个工具是法定准备金率。当经济过热时，央行拧紧货币供给的龙头，提高法定准备金率。但这样做会导致市场资金逆向循环，它是一个非常强烈的手段，并不经常使用。

第二个工具是贴现率。它是商业银行从中央银行借款的利率。如果经济过热，它的贴现率就高，商业银行去央行贷款付出的代价就大。这会导致商业银行贷款困难、企业贷款困难、经济运转减速，经济规模就会缩小。它也是一个比较强硬的手段，央行并不经常调整贴现率。

第三个工具是公开市场业务。它是央行在公开市场上通过买进或卖出债券，以在市场上放出或者收回资金。央行可以针对市场资金多余和短缺的具体时间和领域进行，实现对经济的微调，它是央行经常使用的一个工具。

当你了解到这些指标，当你看到中央银行动用哪些工具来调节市场资金的供求时，你就会知道，这意味着经济发生了什么样的变化，你在投资和理财上该采取什么样的应对措施了。

讲到货币政策，可能说起来比较抽象。我们可以这样理解：中央银行究竟是通过什么去打开货币的龙头把钱放出来，又通过什么去拧紧货币的龙头把钱抽走的。

在美联储前主席格林斯潘的办公桌上放着这样一块牌子，上面写着：“钱从这里滚出来。”他非常形象地说明中央银行把持着货币供给的龙头。那么，中央银行的这个职能究竟是用什么样的工具来完成的呢？我们说，中央银行的货币政策主要有三个工具。

货币政策的第一个重要工具是法定准备金率。什么叫法定准备金率？就是当人们把100元钱存进银行的时候，银行必须把一笔钱缴存到中央银行。如果法定准备金率是10%，银行接受100元的存款就只能贷出90元，其余的10元要缴存到中央银行；如果法定准备金率是5%，银行可以贷出95元，剩下的5元必须缴存到中央银行。当法定准备金率向下调整时，就是把货币供给的龙头打开了，商业银行可以贷出的钱自然就多了。所以，当中央银行降低法定准备金率的时候，等于钱已经从银行流出来了，开始给经济加油了，就像给汽车加油一样。

如果中央银行拧紧货币供给的龙头，提高法定准备金率，那会发生什么情况呢？比如，中央银行觉得宏观经济太热了，放出去的贷款太多了，快要产生通货膨胀了，甚至通货膨胀率已经很高了。这时，中央银行就拧紧龙头，比如把法定准备金率从5%提到15%，即提高了10%，原来商业银行可以贷出95元，现在只能贷出85元了。可是商业银行过去都是按照5%的法定准备金率贷款的。比如，商业银行有1亿元人民币，按照5%的法定准备金率，缴存500万元的法定准备金，可以贷出9 500万元；而现在法定准备金率提高到15%，这1亿元就只能贷出8 500万元了，这时商业银行要收回多贷出去的10%的钱，要从企业中把1 000万元赶快收回来缴存到中央银行。由此会导致一系列追讨资金的行为发生。所以，中央银行调整法定准备金率是一个非常强烈的手段。

这时候你会发现，中央银行打开货币供给的龙头容易，关上就难了。当你某一天听到中国人民银行提高法定准备金率的时候，就知道这是央行下猛药了，商业银行将会处于非常困难的境地，因为它的钱都贷出去了，必须马上收紧信贷。提高法定准备金率这个手段不经常用，它是非常强烈的手段，它强迫市场资金逆向循环，所以，只有在迫不得已的情况下才使用它。

以中国为例，中国人民银行宣布从2011年2月24日起上调存款准备金率0.5个百分点，这0.5个百分点大约会冻结3 500亿元的资金。这已经是央行自2006年以来20多次调高法定存款准备金率了，从7%提高到19.5%，冻结资金达数万亿元人民币，这些钱都流进了中央银行，这已经给市场足够强烈的风险信号了。但是在中国超过2.8万亿美元的外汇储备、超过39万亿元人民币的GDP以及超过20万亿元居民储蓄的市场环境下，央行动用法定准备金率工具能起多大力度的调控作用，成为一个崭新的挑战与难题。

货币政策的第二个重要工具是贴现率。什么是贴现率？中央银行是银行的银行，它保管各商业银行缴存的法定准备金，也贷款给这些商业银行。商业银行从中央银行借款的利率叫做贴现率。我们来看中央银行是怎样使用这一货币政策工具的。比如说，你有一张1万元的国债券，还没有到期，但急需用钱，于是你把这张国债券拿到商业银行去换成现金。这时，商业银行不会把债券票面利息如数给你，而要扣掉一些手续费。商业银行收下这张票据后，如果暂时还不需要钱，它就可以一直放在手里，等到期时兑现，赚取债息。如果商业银行也急需现金，它就要把这张债券送到中央银行去贴现贷款。中央银行收下这张票据后，按自己规定的贴现率放款给该商业银行。

如果中央银行实行的货币政策是趋紧的，它的贴现率就高，商业银行去贷款时付出的代价就大，说明这时央行不愿意把钱放出来。相反，如果央行给商业银行一个较低的利率，商业银行缺钱时就愿意找央行去借款、贴现，说明央行这时愿意把钱放出来。所以，中央银行通过控制贴现率来控制货币供给的闸门。而且严格说起来，贴现率是中央银行唯一可以直接规定的利率。

美联储每个月在做什么？就是在商定这件事，决定联邦储备银行贴现率的高与低，或者说决定美国利率的升与降。那么商业银行的利率究竟是由谁来决定的？在市场经济国家，利率既不是由政府规定的，也不是由中央银行决定的，利率是由市场来决定的。这一点必须强调，我们要着重理解。为什么说利率是由市场决定的？因为市场经济国家的所有价格都是由市场决定的。正如工资是劳动力的价格，租金是使用土地的价格一样，利率是使用资金的价格，这个价格是由货币的供给和需求来决定的。人们用什么样的价格借钱，要由市场对资金的供求状况来决定，实际上就是这样的。

我们已经知道，市场经济中有一只“看不见的手”，所有的价格都是由市场供求来决定的，资金的价格也不例外。例如，为什么美元的市场利率有时候高有时候低呢？如果美国到处都有商机，市场很好赚钱，很多商家都需要美元，美元的需求就会大于供给，这时，美元的利率就高；相反，如果大家都不看好美国经济，都不要美元，美元的供给大于需求，这时，美元的利率就低。因此，利率是由市场供求决定的。

所以，中央银行能够决定的不是商业银行和资金市场上存贷款的利率，它决定的只是一个贴现率，在中国叫做再贷款利率，在美国叫做联邦基金利率。中央银行就是通过控制商业银行从中央银行贷款的利率，也就是贴现率，从而对商业银行的存贷款利率施加影响。

当商业银行找中央银行借钱的时候，如果央行给它的贴现率高，这就是告诉商业银行要谨慎贷款。如果原来贴现率是5%，现在变成了10%，那就说明通货膨胀严重了，央行想拧紧龙头，不准备把钱放出去。如果商业银行用10%的贴现率拿到了这笔钱，它再向外贷款时，就得以高于10%的利率贷出。面对这么高的贷款成本，企业自然也就不去贷款了，因为要赚回比10%更高的利润很难。这样一来，过热的经济就被压了下来，企业不去贷款投资了，人们不去贷款消费了，市场上商品的价格就会降下来。这样，通货膨胀率就被控制住了。

中央银行虽不能决定商业贷款利率，但可以通过贴现率来影响商业贷款利率水平的高低。中国的利率目前是由中国人民银行统一规定的，所有商业银行必须贯彻执行，但将来一定会改变。利率由市场来决定，才能使资金资源得到合理配置。

如果提高法定准备金率，就意味着很大一笔钱要被冻结起来，不能参与正常的经济循环。这是一个很强硬的货币政策手段，所以不经常使用。而提高中央银行贴现率，商业银行贷款困难了，企业借款也困难了，经济运行速度就要减慢，经济规模就会缩小。它也是一个比较强硬的手段，所以，中央银行也不能经常调整贴现率，因为利率杠杆一动，引起的动静太大。

中央银行最经常使用的是第三个工具——公开市场业务。什么是公开市场业务呢？它是指中央银行在公开市场上进行操作，买进或卖出债券。这些债券有三个月期的、半年期的、一年期的、三年期的、五年期的不等。比如，有些企业手中有一笔闲钱，既不想投资，也不想扩大再生产，更不想进股市，因为风险太大。于是它们决定买政府债券，因为债券的利率高于银行存款利率，风险又小于股票，所以它们就买了债券。那么，中央银行做什么呢？如果中央银行发现经济太冷了，它就决定打开货币龙头，怎么打开呢？就是在公开市场买进债券。

当经济太冷的时候，市场需要的是什么？需要的是钱，是现金。中央银行买进债券，它收回的是大家手中的债券，放出来的是现金。这样就打开了货币供给的龙头。当它发现经济太冷了，东西都卖不出去，大家手里拿着债券，既不去消费，也不去投资，这怎么能行呢？于是，央行开始收购大家手中的国债券，把钱放出来，鼓励大家去消费、投资、买股票，反正做什么都行，只要合法。央行这样做的目的是为了刺激经济回升。

那么，中央银行在哪种情况下会卖出国债呢？当经济需要降温、经济再热下去要出现泡沫、通货膨胀率提高、市场有更多资金去投资和消费时，中央银行就会在公开市场上卖出债券。大家购买国债时，把手里的钱给了中央银行，换回来的是债券。央行会给一个比商业银行存款更高的利率来吸引人们买债券，让人们愿意持有国债。当人们持有债券时，就没有相应的钱去消费、去投资了，市场上的流动现金开始减少，经济就会适度降温。公开市场操作可以相对频繁地进行。它对经济进行微调，针对市场资金余缺的具体时间和领域进行操作，它不像法定准备金和贴现率的影响那样猛烈。所以，这个手段是中央银行经常使用的。可是在我国使用得还不够灵活，以后会逐步加大公开市场操作的力度。

由此可知，一国的中央银行在变动法定准备金率和贴现率的时候，一般都被看做央行的货币政策有重大的变化。因此，一般情况下央行不经常使用这两个工具，尤其是不经常动法定准备金率。

但是，利率工具的动用是否能起到有效调控经济的作用，还与其他很多因素有关。中国人民银行1998年以后连续8次降息，但是，降息以后资金并没有从银行挤出来；相反，居民储蓄总额从1998年大约4.6万亿元人民币上升到了2002年底近9万亿元人民币，到了2010年上升到20万亿元。为什么银行的利率一降再降，即使2007年利率有所上升，储蓄额却一升再升呢？问题出在哪里？一方面，民营企业想贷款，可能因为企业的实力不够，也可能因为信用制度不健全，它们贷款很难，甚至贷不到款。而能够贷到款的那些国有企业效益又不太好，商业银行不敢再贷给它们。另一方面，人们也不愿意多消费，他们有很多后顾之忧没有解决，比如养老、医疗、孩子教育等问题，老百姓不敢花钱。因此，虽然银行利率一降再降，而资金在投资、消费的上下游环节都不能正常地循环起来，利率政策的变动表现为低效。

如果说利率是商业银行贷款的价格，或者说是贷款的成本，这说的是在健康的市场经济条件下的操作。这时你来看利率对中国企业贷款投资的影响，就远不止一个资金价格的问题了。最终参与资金循环的，除了利率成本，还有人际关系、信用体系、制度倾斜、社会保障机制等一系列成本在里面。它们共同导致我国利率的传导机制一直不能顺畅地运转起来。

比如日本在2003年前后，利率已经低到0.1%的水平，接近零利率。也就是说日本利率杠杆的调控作用基本失效了，利率哪里还有调控的空间呢？2010年美国的利率已经降至0.25%，欧洲央行的利率也不到1%，在经济不好的年份，利率是非常低的，为的是刺激经济的回升。

那么有人问：你看俄罗斯2003年存款利率是19%，是不是它的利率杠杆空间很大呢？这是个很好的问题，说到这里，就要引出名义利率和实际利率这两个概念。我们在商业银行看到的贷款利率，是名义利率。那实际利率是什么？用名义利率减去通货膨胀率，才是一国的实际利率。例如，俄罗斯有段时间的名义利率是19%，而它的通货膨胀率是15%，那么，当时俄罗斯的实际利率其实只有4%。因此，它的利率也没有特别大的调控空间。关键问题是，通货膨胀的速度失控，是银行和百姓都不愿意看到的事。如果一不小心把名义利率降下来，却把通货膨胀率推上去，结果就会出现一个负的实际利率。也就是说存钱的人手中的钱实际上一天天在蒸发，即使你不吃不喝，钱也在变少。所以，如何制定一个国家的货币政策，如何调整利率杠杆，对每个国家的中央银行来说都是严峻的考验。

要看到，一个国家在治理经济与对宏观经济进行调控时，货币政策非常重要。随着我国社会主义市场经济的逐渐成熟，中央银行功能会越来越健全，运用货币政策三大工具调节经济的能力也会越来越强，效果也会越来越明显。我们要学会看这些指标，知道在什么情况下中央银行该动用什么货币政策工具。或者反过来说，当我们看到中央银行动用了什么工具来调节市场资金供求时，就会知道这意味着经济中发生了哪些变化，我们将要采取什么样的应对措施。

第十六章　金融市场为我们提供了什么

金融市场为我们提供了存钱、赚钱和借钱的渠道。我们要办企业，就要考虑融资，那么融资通常都有些什么方式？

第一是依靠自己的友情，靠原始的信任，借到资金开始经营。但这样的融资隐性成本相对较高，有信息不对称的问题，有高额时间成本、机会成本等问题。

第二是去找银行融资。银行旱涝保收，融资人却完全独自承担经营风险。

第三是到股市去融资。股市融资成本低，重要的是，融资人不必归还本金，大家风雨同舟，共同分享企业利润，共同承担经营风险。

找银行借钱，是间接融资；到证券市场去融资，就是直接融资。

面对现代金融市场，要找最优的融资路径：第一是它使融资人获得资本的成本最小；第二是它监督债务人的成本最小；第三能做到风险分摊。

什么是金融市场？它起什么作用？在前几章我们谈到过货币、信用、银行，由货币产生了信用，在信用的基础上出现了银行，银行又在更大的基础上创造了信用，由此形成了资金的融通，即金融。为这些金融活动提供的场所，就叫金融市场。

怎样理解这些抽象的概念呢？还是让我们举几个形象的例子吧。前面已经谈了这么多经济学理论知识了，你是否相信我也具备一个企业家的才能？你是否愿意给我投资？我想办一个公司，把我的宏观经济讲座制作成光盘，向社会传播宏观经济知识，让更多的人来了解宏观经济，知道该怎样规避投资风险、金融风险，怎样找到投资机会，怎样理财，怎样去炒股、买楼等。是否有人愿意给我投资？我的公司规模不大，所需要的资金也不多，有50万元就够了。我答应一年内还你本金，并付给你15%的利息，比存银行合算多了。你肯借钱给我吗？事实上，在我讲过课的那些总裁班上，很多企业家表示愿意投资。问他们为什么，他们说是基于对我的信任，对我人格、对我讲课能力的信任，同时看好这个项目的市场前景。当然也有人不愿意借钱给我，因为感到不放心，没把握，他们更愿意把钱存在银行里。

那么，最后我是否去找过这些承诺给我投资的学员们筹资呢？告诉你，没有。我如果真的想办一个企业，我也不会找大家借钱。为什么呢？因为我只需要50万元资金，找大家借钱的成本太高，还把我自己的信誉押进去了。我的工作是教书育人，不是做买卖。如果我真去办企业，应该使我的筹资成本最低才合适。所以，我决定不找大家借钱。那我找谁借钱更合算呢？想来想去，我决定去找银行借钱。于是我就来到银行，准备多借一点，先借500万元吧。银行经理听了我的介绍，看了我的项目评估报告，对我的信誉和实力了解之后，愿意借钱给我经营，当然要履行正规的贷款原则和法律程序。银行相信我，是看好我的项目。这时候，我从银行借钱，我的融资成本是不是相对低呢？我不必付给银行更高的利息，只要贷款到期，能够还本付息就行。你看，从银行借钱我获得资本的成本是不是少一些？这就是现代社会银行业如此发达的原因，因为它使融资者获得资本的成本降低了。

银行之所以愿意贷款给我，是因为它相信我的信誉，它相信我到时一定能够还本付息给它。就这样，我得到了500万元银行贷款的承诺，利率也很便宜。但是，我想了想，最终还是没要这笔贷款。为什么呢？因为我在想，找银行贷款还不是最经济的，对我来说也不是负担最轻的。不管我的企业经营得如何，是盈是亏，银行都坐地收银，风险全由我一个人承担，我的负担太重，这包括我的心理负担、利息负担，而且我要兑现所有承诺。

所以，我要继续寻找更合适的借钱途径。于是，我找到了股市，这不是一条更经济更合适的融资途径吗？我经营一个企业，达到了一定的规模，我们做好了一个特别详细的公司上市申请报告，说明公司的市场前景、经营状况、利润状况、融资用途等，并找到相关券商的支持和协助，再到证监会去申请，争取到上市公司的资格，然后到股市上去融资。我发行的股票面值是每股1元钱，计划发行5 000万股。通过股市去融资，一旦发行成功，就可以融到数以千万计的资金。

所以，我们可以有三种融资方式：

第一，靠友情，靠原始的信任。大家虽然热情支持我，但我的融资成本相对也高，还有信息不对称，以及高额时间成本、机会成本等问题。

第二，找银行融资。虽然我没直接找你借钱，其实你已经间接把钱借给我了，只是你不知道而已，因为你把钱存在银行了。这里我要说的是，你不该借给我钱，因为你监督债务人的成本太高了。如果你有100万元，都借给自己的100个熟人，你就得监督这100个人，你忙得过来吗？你的监督成本不是太高了吗？你把钱存入银行，银行作为中介帮你往外贷款，我可能不还钱给你，但是银行保证会把钱还你。所以你的效率、你的收益、你的资金安全，都由银行来帮你完成了。

银行创造了资金的流动性，它可以贷出很多笔资金，只要滚动着向前走，即使有少数贷款收不回来，但多数贷款都可以还上。只要有资金不断流入，银行就能向前发展。当一些企业效益不好、出现问题的时候，银行会冻结并会收回它们的贷款。这样，银行实际创造了一种流动性，可以把资金从夕阳产业转向朝阳产业，通过银行这只手，使资金流向有利润、有前途的行业，从而使得经济在良性循环的轨道上发展。

第三，到股市融资。这样我的资金成本才最低，除了上市费用和以后给股东的分红外，关键是我不必归还本金。所以，如果我找银行借钱，叫做间接融资；如果我到证券市场去发行股票，叫做直接融资。这是两种不同的融资形式，一种融资形式有银行作为中介，是间接融资，如果我的经营出现问题，储户的钱银行一定会替我还上；但是到了股市就是直接融资，一个企业经营出了问题，投资者要风险共担的。你是自愿来买我的股票的，我们共担风险，一荣俱荣，一损俱损。你看，你不愿意借钱给我，你把钱存入银行，银行却替你把钱借给我；如果你既不借钱给我，也不去银行存钱，结果你买了股票，也许你不知道，你买的可能正是我发行的股票。前者是间接融资，后者是直接融资，这是两条不同的融资渠道，结果也是不同的。

所以，如果我有能力的话，我应该如何去筹资，才能做到成本最低、负担最小呢？应该去银行，去债券市场，去股市选择最优路径。这不仅是我要思考的问题，而且是每个读者都需要思考的问题。

上面讲的筹资故事当然是虚构的，然而它又是现实的一个抽象。这样的事情每天都在发生，只是故事的主人公不同而已。重要的是我们认识到，金融机构之所以发展得如此之快，第一是它使获得资金的成本最小，第二是它监督债务人的成本最小，第三是它分摊风险。比如一个银行贷款100笔，如果有90笔可以收回来，有10笔收不回来，这个银行不仅能照样运转，甚至还能赚钱。但是，如果你自己借出去一笔钱收不回来，那你就百分之百地损失了。因为你没长火眼金睛，很难分辨出谁不能还钱，这不是你的专长。但是，当你进入股市的时候，你就要注意了，这是一个直接的融资形式，赚和赔都是你个人的事，你要对自己负责。所以在这种情况下，基金等专业机构才应运而生，它们可以帮你挑股票，帮你理财。

正是因为金融机构具备了帮助人们融资，使资金成本最低、监督债务人成本最低，还可以分担风险、创造资金的流动性、促进经济发展这样的一些职能，所以才发展得如此之快。

在现代社会，有人有钱，但他们不想自己投资办企业；有人没有钱，但他们有好的投资项目。正是大家有了不同的需求，才一起来到金融市场。通过银行完成的信贷活动叫做间接融资，通过证券市场完成的交易活动叫做直接融资，区别就在于前者的风险在银行身上，后者的风险在个人身上。

20世纪90年代在中国发生过这样一个故事，说有个农民老大爷在家里养牛，要好几年才能养大。靠卖牛肉赚钱，他觉得这样太慢了。在我国股市特别红火的时候，他干脆把家里的牛全卖了，进城去买股票。没想到，当他买完股票几天以后发现赔了的时候，就到证券公司去退。他说："俺不买了，俺要退钱。"证券公司工作人员说："股票不能退。"他问："为什么不能退？你们证券公司是国家开的吗？为什么我在银行存钱，不存了就可以取出来，为什么在你们这儿买了股票就不能退呢？"证券公司的人说："你买的股票不能退，你不想要股票只能你自己卖出去。"他说："我已经卖不出原来的价钱了，我只要你们退钱给我。"

这个故事只是说明我国的股市还不成熟，我们的股民当时还不懂得什么是直接融资，什么是间接融资。只要你进股市买了股票，就是直接融资，你就成公司的股东了。公司经营是有风险的，这就要你自己承担。买完股票之后想不要了，还得通过股市卖出去。除非上市公司回购股票，或者倒闭清盘，否则，这笔钱你是要不回来了，因为买股票就是直接融资。

当你把钱存进银行，一般你不用担心到时钱取不出来。银行把钱贷出去的时候，也会有抵押或担保，它不会随便就把钱贷出去。银行做了存贷的中介，存贷双方的间接融资这件事由银行来承担。但是，如果一个国家所有的融资行为都由银行体系去完成的话，那银行的负担就太重了，融资的速度也太慢了，而且银行的风险也加大了。因此，随着经济的发展，出现了资本市场，出现了股票市场、债券市场。这时，一国经济中又多了一条直接的融资渠道。上市公司发行股票，投资者看好就来买，看不好就不买。投资者买了股票，就要和该公司共同承担风险。如果公司的收益好，投资者就能享受公司赚钱以后的分红，体现了高风险高回报、低风险低回报。正因为直接融资具有这样的特点，世界各国才都出现了股票市场这条直接融资的渠道，股市才被人们炒得热浪翻滚。

我国现在正努力拓宽直接融资的渠道，分散银行储蓄过多的压力，也分担银行放款的负担。建立和完善我国股票市场和资本市场，是我国政府面临的一项艰巨任务。在过去若干年，我国经济活动中大量出现的都是间接融资，老百姓存钱只能到银行，投资者借钱也只有找银行。这样就造成了银行的负担过重，而且老百姓的钱都在银行里。你想，2010年我国银行储蓄存款总额超过20万亿元之多，银行如何把它们都贷出去呢？我国国情就现状而言，仍然是社会商品的总需求大于总供给，出现房价上涨和食品价格上涨，居民消费价格指数（CPI）上扬，在通货膨胀的情况下，银行不敢轻易给现有企业贷款。相反，有很多新兴的、有潜力的企业又不具备相当的规模和信誉，也够不上银行现行的贷款条件。所以，银行发放贷款变得非常困难，还要承受支付储户利息的巨大压力。这是我国银行面临的困境。之前很多银行贷款又都流向了房地产市场。

尽管我国股市目前存在很多问题，政府还是在不断规范的前提下，发展一个庞大的资本市场，为了与中国经济增长的规模相适应，给企业找到一条融资的渠道，给那些能成为企业家的人提供获得资金的条件，使那些有潜力的小企业能去融资。我国好的企业还可以到境外资本市场去上市。它们可以到美国去上市，可以到香港去上市，到新加坡去上市，慢慢可以到日本、到德国、到伦敦等所有的资本市场去上市，这都是为企业的发展找到了直接的融资渠道。当然，其他国家的优秀企业也可以到中国的资本市场来上市，让我国的国民也能分享西方企业经济增长的成果。

一个企业要发展，重要的是要有钱，如果没有钱，它就转动不了。企业怎样才能最方便地拿到钱，让自己快速发展，这是一个非常重要的问题。很多中小企业家都说："如果我们能融到资金的话，我们企业的发展就会快得多。"是的，对于中国的企业家而言，开辟融资渠道，向它们提供充足的资金，这是发展企业必备的条件。在西方发达国家，有投资银行，有风险投资基金，它们的企业可以上市，也能发行企业债券，这些都为企业发展提供了良好的融资环境，也是我国在金融体制改革中应该学习和借鉴的。

金融市场分为两部分：一部分是货币市场，一部分是资本市场。什么叫货币市场？如果企业需要筹措短期的现金，可以到货币市场去借钱。只经营一年以下信用的叫货币市场，经营一年以上信用的叫资本市场。资本市场又分为证券市场和长期借贷市场，而证券市场又分为股票市场和债券市场。这么多的市场怎么记得住呢？经营短期信用的就是货币市场，经营长期信用的就是资本市场。如果一个企业去筹措短期资金，最快的地方是银行。如果大家把钱投进了股市，那就是一个相对长期的投资。从原则上说，投资者买了股票，一定是等着它升值了再卖；投资者买债券，也是等到期了再卖，或者说把它兑现。

尽管在资本市场里有非常丰富的融资形式，但我们还是讲最贴近大家生活的，也是大家感兴趣的股票市场。

前面举了一个例子说，如果我自己想发行股票，票面价值是每股1元钱，发行5 000万股，集资是5 000万元。我的这些钱是从哪儿来的？我会先找一个券商或找一家投资银行帮我上市，等拿到上市资格后，让我发行股票的地方，叫做一级市场，也叫发行市场。所有在一级市场上买了我这只股票的人，他们就变成了我的股东，这个企业就是我们大家共同拥有的了。如果投资者现在不想要这只股票了，他们不能退还给我。那他们到哪儿才能拿回现钱呢？他们必须到二级市场上卖掉这只股票。这就是我们大家非常熟悉的证券交易所，比如深圳证券交易所、上海证券交易所、美国纽约证券交易所、纳斯达克市场、东京证券交易所、伦敦证券交易所等，投资者可以在那里买卖股票。

那些证券交易所是做什么的呢？证券交易所本身不得买卖任何股票，它只是为大家提供一个场所，供所有的经纪人在里面做交易，它只收取管理费。全世界任何一个证券交易所都不是自己在那里做交易，都是通过经纪人在为投资者做交易。大家交易的那个市场，叫做二级市场，也叫交易市场。投资者愿意卖出这只股票，能卖多少钱，取决于企业的效益如何。如果企业的效益好，年终派发的红利多，这只股票就值钱，愿意接手的人就多，反之，就不值钱，很少会有人愿意接手。

总的来说，股票市场只是金融市场的融资渠道之一，用它便于说明金融市场都能为我们提供什么。在中国，建立健全的金融市场是一项长期艰巨的任务，任重而道远。只有金融市场健康，运转正常，我国经济才能稳步发展。

第十七章　从宏观视角看股市

人们通常习惯用技术图形和小道消息炒股。但是从宏观经济的角度看一只股票的价格，看这个股市的行情如何，一定要看企业效益的好坏。当企业效益好的时候股价会升，反之股价会降。同时，股价的形成还要参考银行的利率水平。一般来讲，当银行利率降低的时候，企业股息的吸引力就会相对提高，部分资金就会挤入股市，导致股票价格上升；反之，股票价格会下跌。政治环境的安定与否，也是影响股价长期走势的重要因素。

股市是经济的晴雨表，经济好了股市就会好，如果经济不好股市好，那只是炒作，只是短期行情。要知道在股市中长线投资与短线投机的区别，要懂得自己买卖股票和买基金的区别。

要学会搭宏观大势的顺风车，要知道股市的风险高于银行存款的风险。只有学会规避风险，你才能在股市里赚钱。

作为金融市场的一个重要组成部分，股市越来越多地融入了我们的现代生活。为什么股票价格指数有时向上、有时向下呢？为什么有人在股市赚钱，有人在股市却赔钱呢？我们需要了解什么是股市、股票价格是如何决定的、股价指数是怎么回事、股价的变动是由什么决定的这些基本知识。如何对股市作出理性的判断，怎样对股票作出适当的选择，学会正确判断股指的升与降，学会分析股票市场存在的问题，这是本章要告诉大家的内容。

首先，让我们来看股票的价格是如何决定的。股票既然要上市交易，就要有一个交易价格，那么这个价格是怎么确定的呢？比如，一个上市公司发行的股票，在它发行时，除了票面价值还有个发行价格。这个股票的最终发行价格，可能是按票面价值发行的，也可能超出面值溢价发行，还可能低于面值跌价发行，这要看当时的股市行情如何。

但是，当投资者到二级市场去交易股票的时候，它有一个市场价格。这只股票的市场价格又是怎么算出来的呢？举个例子：假如你有100元钱存入银行，银行每年给你5元钱的利息，银行存款年利息率就是5%。但现在你花100元钱买了一只股票，这只股票每年给你带来10元钱的股息。那么，你手里的这只股票应该值多少钱？也就是说，相当于你有多少钱存入了银行，才能得到这10元钱的回报呢？是不是相当于你有200元钱存进银行，年底才能得到10元钱的利息？所以，我们说这只股票值200元钱。如果投资者花150元钱买它，就值了；要是花300元钱买它，可能就要赔了。

换句话说，为什么这只股票才100元的面值，投资者却能卖出200元的价钱来呢？这是因为上市公司每年给股东10元钱的股息分红，相当于在银行存款200元钱得到的回报。如果投资者把它以150元卖了，别人还能赚到后面50元钱。当然，市场上股票的最终价格还受到很多复杂因素的影响，比如资金供求因素、政治环境、国际环境等，这些因素综合影响到买卖双方的心理预期，并形成最终的交易价格。但这里讲的是它的价格原理，我们要了解股票的内在价值，要搞清楚投资者在股票市场上买卖的股票价格意味着什么。

决定股票价格的因素是什么呢？用利率来对比股票的收益时，我们发现，股票的价格通常随着利率的升降，两者有明显的联动关系。比如，当银行利率为10%的时候，而股息却大概只有5%，这时候人们就不愿意买股票，而愿意把钱存入银行，因为不用承担股市中不确定的风险，收益还比股票要高。反过来说，当利率不断往下降，而企业效益又逐渐转好，股息越来越高的时候，比如利率已经降到了5%，而股息已经升到了10%，这时候人们就会想：存钱不合适了，不如买股票！

所以，从原理和方向上说，银行降低利率，会相对提高股票收益的诱惑力，会把部分资金挤入股市，导致股票价格上升；相反，当利率升高的时候，人们会选择银行存款，这时部分资金会从股市里退出，从而导致股票价格下跌。最后，如果利率很高，就没人愿意进股市；利率很低的时候，人们觉得钱存在银行不合算，资金就会有流入股市的诱惑。如果利率是1%，而投资者在股市能赚5%，这时进入股市就变得合适了，当然这样做的前提是没有风险。然而没有风险的事在这个世界上是不存在的，人们只是选择风险的大与小而已。有一句哲理大家一定要记住：**这个世界最大的风险是不对风险加以控制。**

决定股票价格的另一个因素是企业效益的好坏。看一只股票的价格，看这轮股市的行情如何，一定要看企业效益的好坏。有一个重要的指标需要参考，就是股票的市盈率。什么叫市盈率？它是股票价格和每股收益之比，它反映的是投资者为这只股票所能获得的利润愿意支付的股票价格；一只股票的市盈率低，表明该股票未来收益高，一只股票的市盈率高，说明该只股票的风险加大。

看一只股票的价格如何，还要与银行的利率水平进行比较。当利率下调的时候，股市相对是一个升市，当利率上调的时候，股市相对是一个跌市；当企业效益好的时候股市会升，当企业效益不好的时候股市会跌。

股市是经济的晴雨表，经济好了股市就会好，如果经济不好股市好，那只是炒作，只是短期行情。必须是宏观经济好了，企业的效益好了，企业盈利高、派出的股息多，在这种情况下，股市才会健康持续发展。所以，我们看股市，一定要学会判断宏观经济的大势，只有看准了大势，投资者才能做得了股市。而我国很多股民进入股市不是出于理性的分析，而是靠听消息，听说这只股票能赚钱咱快买吧，那只股票不好咱赶快抛吧。这样盲目操作的问题很多，风险很大。股市投资者应该学会看大势，买一只股票之前，要先分析一下，看这个企业的效益好不好，看宏观大势好不好，再决定你是否入市。要学会搭宏观大势的顺风车，俗话说“胳膊拧不过大腿”，不要总是不顾宏观大势，总认为自己持有的那只股票会逆势而涨。股市的风险很大，只有学会规避风险，才能在股市里赚钱。

如果你去买股票，一定要看企业的效益如何，千万不要听信小道消息。大家知道美国著名的股神沃伦 · 巴菲特，三十多年来，他的资本每年的平均赢利率都达到24%。他说，他买股票都是投资的行为，他从来不投机，他要把这一个行业、这一个产业的全部都看尽、都研究透了的时候，他才去买。在股票的市场价格低于它的内在价值的时候，他作投资，大量买入。他不是短期的炒作，而是长期投资。他要看企业的效益，看企业的发展前景，如果这个企业有实力、效益好的话，这只股票的价格将来一定会上升。所以，他认为拿钱去投资股票，比把钱放在银行更合适。

例如，在2000年的时候，巴菲特看中了在香港上市的中国石油公司股票，当时中石油的股价只有1元港币多点儿。他认为，中石油的股票已经跌过净资产值了，非常具有投资价值，于是他就悄悄在市场上买进中石油的股票。到2002年10月，他已经买进中石油22亿股，当时中石油股价已经冲过2.5港币，巴菲特的净利润达到23亿港币，另外还有2亿多元人民币的股息。到2007年6月，中石油股价涨到12港币，他卖掉手上所有的中石油股票，赚得纯利润237亿港币。我们说，巴菲特买进中石油的股票就是一种投资行为，他看好中国石油公司的前景，他分析出中国经济发展需要大量的石油，中石油公司效益好、利润多，分红就多，股价就会涨，所以他在中石油这只股票上是大赚特赚。

让我们换一个角度来看股票的长期价值。在香港，有这样一个真实的故事：很早以前，一些银行股票的价格很便宜，有三个妇女也想去买，但她们不识字，于是就托一个牧师帮她们买了。后来这个牧师去世了。好多年之后，三个老太太找到了牧师的继承人，要兑现这些股票。最后争到了法庭上，法官的裁决下来，每个老太太都分得几百万港币，而当年她们入市时每人不过才投了几万港币。没想到这些年来银行股的收益非常好，一直向上冲。若干年过去了，她们当年的这种投资行为带来了如此高额的回报。如果当时她们买进股票，刚涨了一点就卖了，那她们得到的只是一种投机收益而已。这几位老太太虽然不懂股票，也不会判断经济，但客观上她们确实搭上了香港经济发展的顺风车。

所以，作为一个理性的投资者，面对股市，你要有自己的目标，你要知道自己是在投机还是在投资。如果是一种投资行为，那你一定要了解宏观大势，了解股市的整体行情，一定要在了解这个企业的效益好与坏之后，你才能去做。

所谓看大势，就是要了解现在经济的发展趋势是向上还是向下。你要会看一些宏观经济指标，会判断利率是升还是降。如果经济已经开始出现掉头向下的苗头，这时你就要知道，股市也会跟着有所反应。而且，股市通常会提前于经济三个月到半年作出反应，股市是经济的晴雨表。经济如果出现不景气，股市会提前反映的。美国的市场经济十分发达，它的股市和经济的相关性比较强。例如，美国对伊拉克战争还没打响，美国股市早就开始向下跌了，美元汇率也在掉头向下，这是股市和汇市对美国经济可能受到战争创伤的一种提前反应。而真正等到战争打响，恐慌可能已经过去，又有新的投资者认为，人们最恐慌的时候正是一个难得的投资低点，于是又有人蜂拥而进，导致美国股市的回升。但不管怎样，只要你作股市投资，就应该对大势有判断能力，尽可能做到先知先觉。如果你后知后觉，可能常常会接到最后一棒。

让我们从下面的实例中体会哪些因素对股市有重大影响。1982年7月，美国利率下降2%~3%，导致投资者在纽约证券交易所里狂购股票。当利率下降2%~3%，这时股市相对而言收益就高了，利率下降后，企业借钱就容易了，也就是说融资成本低了。美国大企业的贷款可能是上亿美元的规模，如果利率下降了2%~3%的话，企业还款的利息也便宜了，省下的这部分还款利息就变成了企业的纯利润。所以，一面是银行的存款收益下降，一面是股市收益上升，自然导致了人们将资金从银行撤出，狂购股票，股市表现为升市。

1987年10月19日，美国华尔街股市发生了“黑色星期一”，投资者纷纷抛出股票，导致股市暴跌。这是什么原因引起的呢？当时，格林斯潘刚就任美联储主席不久，他感觉美国的通货膨胀率太高了，想治理通货膨胀，于是打算提高利率。要知道，央行利率一提高，投资者借钱的成本就会提高，导致资金需求下降，资金供应也会减少；人们没有那么多的钱去购买商品，物价自然就下来了；没有那么多钱去买股票，股票价格自然也要下降。这种资金运动和股票价格运动的方向一旦被市场认可，它的效应就会急剧放大，股市就表现为暴跌，所有人都慌不择路，不计代价抛出股票。如果这种恐慌不能被有效制止，股市就会陷入价格暴跌之中，促使资金急剧从股市抽离；资金不断抽离又会导致股价不断下跌的恶性循环。所以，利率杠杆的作用在股市波动中的影响特别重要。

以上两个实例说明，大家不能只看一个现象的表面，而要看这个现象背后的原因。它为什么会这样发生？它的原因是什么？当你知道现象变动的原因，你就会知道接下来将会发生什么。

1997年亚洲金融危机也是一个典型实例。危机首先从泰国开始，因为它的经济结构出现了问题，外债方面也出现了问题，结果被国际游资狙击；继而波及印度尼西亚、马来西亚、中国香港、韩国，它们的货币急剧贬值，股市出现了狂跌。在这场金融风暴中，不计其数的投资者的财富被蒸发了。如果这时候投资者懂得一些宏观经济知识，就会知道经济已经出现了重大问题，股市接着也会出现大问题；如果投资者懂得判断宏观大势，等不到这场风波波及印度尼西亚、马来西亚，他们就会在中国香港、在韩国抽身而逃了，因为他们知道接下来要发生什么了，他们就能够避免这场金融风暴带来的损失。

我们看股市，企业效益是一个因素，利率水平是一个因素，经济好坏是一个因素，政治因素和国际经济形势的变化也是重要因素。政治不稳定，就会导致经济不稳定；经济不稳定，股市就不好。投资者一旦对政治、经济失去信心，就会影响到他们在股市中的投资行为。

再看美国，2001年美国发生“9 · 11”恐怖袭击事件之后，由于美国对阿富汗战争迫在眉睫，于是投资者就担心战争打起来对经济、人身安全的伤害是难以确定的。在这种情况下，很多投资者会想到，我们还是先从美国股市撤出吧，我们宁可错过赚钱的机会，也要确保资金安全。于是，美国股市表现出明显的下跌。

以上我们从不同的角度分析了影响股市的因素。那我们该怎样来看待和判断股市呢？股市究竟是在上升还是在下降，股票市场上有这么多只股票，怎么能说得清楚呢？比如，截至2010年，我国大约有2 000多家上市公司的股票在上海和深圳两地证券交易所里交易，每天这么多只股票的股价有的升、有的降，我们怎么看股市行情的好与坏呢？

判断股市行情的一个重要指标是股价指数，股价指数像是股市行情的温度计，用它可以测出一个股市行情的好与坏。那么，什么是股价指数？它是怎样产生的？

大家知道，在股票市场的历史上，有一个最早的股价指数，那就是美国著名的道琼斯工业指数。这个指数是怎样产生的呢？它为什么叫这个名字呢？

道琼斯里面的道，是个美国金融记者，名叫查尔斯 · 道（Charles Henry Dow，1851~1902年）；琼斯是另一个人，名叫爱德华 · 琼斯（Edward Jones，1856~1920年）。道出生在康涅狄格州一个贫困家庭，只上过小学，琼斯受过大学教育。由于工作的关系，他们俩成为好朋友。当时的美国正进入工业革命时期，商品的销售被大资本家垄断，一些大公司把自己的股票卖给公众，但股票的价格被垄断，股票的买卖被华尔街一些金融投机者操纵，引起股价的暴涨与暴跌，投机者们从中牟取暴利。这时，公众要求上市公司公开财务信息，华尔街也急需这些信息。

查尔斯·道看到了机遇。他想，这么多只股票的股价都不相同，怎么能让人们知道股市在今天是升还是跌、人们买的股票是赔还是赚呢？他意识到，急需有一个组织来公布上市公司真实的财务报表。他找到了一种抽象的方法，可以在国内市场测知工业巨头公司股价的走势。于是，道、琼斯和伯格斯里特三人组成一个公司，专门研究这个问题。但他们不想把公司的名字弄得太长，因此只取道和琼斯组成公司的名字，伯格斯里特失去了一个名垂青史的机会。

当时他们只有一间地下办公室，一台打字机，一部电话，雇了一个女秘书。出版一份只有两页的报纸，用手写在纸上，誊录24份，送给华尔街的人士，人们开始对这份小报产生了兴趣。1883年11月13日，他们出版了刊登有11种股票（其中包括9家铁路公司、2家轮船公司的股票）的平均价格指数的报纸。1889年7月8日，《华尔街日报》诞生，道亲自担任主编，一直干到1902年去世。一百年后，道提出的股票平均指数以及这张报纸影响了全世界。1896年5月26日，他们开始在报纸上刊登12家公司的平均指数，报纸2美分1份，5美元订阅一年。它只提供信息，而不发表观点。而我们今天所看到的道琼斯工业指数，是以1928年10月1日这天为100点起算的。

从那时起，每天的平均指数都会与前一天进行比较。高于昨天的点位，就表明今天的股市在升，低于昨天的点位，就表明今天的股市在跌。纽约证券交易所每天交易的股票数成千上万，但交易的结果却以最简单的数字形式告诉你，这就是道琼斯工业指数的功能。

一百多年前，那个文静的、有些腼腆的查尔斯·道，在《华尔街日报》上发表了自己算出的工业股票指数，当时他只是想让投资者和金融家们作为投资的参考。没想到的是，这个计算股市变动与股票指数的方法被广泛接受了。《华尔街日报》从11 000家公司中定期选出30家公司作为参考。

查尔斯·道51岁时在纽约布鲁克林去世了，他留下了有自己名字的报纸和道琼斯指数给华尔街。道琼斯指数用了76年的时间达到了1 000点；用了14年的时间达到2 000点；用了8年时间达到4 000点，到5 000~6 000点就更快了。到2007年，道琼斯指数曾经超过了12 000点。截至2011年3月4日，道指在12 258点。美国那些退休的人士说：道琼斯指数有时让你赚钱，有时让你赔钱，真是令人头痛。

道琼斯指数今天被全世界人们所关注，这个指数几乎成为全世界股市的一支温度计。我们要知道股市的冷与热，通过什么？就是通过股指的变动来判断的。道琼斯指数像一支温度计，经济风暴和经济增长的轨迹在温度计的变化中表现得淋漓尽致，这真是一个天才的发明。当股市一直上扬的时候，人们习惯把它叫做牛市；而股市一直下跌的时候，人们习惯把它叫做熊市。股市的上扬和下跌，正是通过股指的变化来反映的。正是由于有了道琼斯指数，才使我们能够清楚地知道股市今天发生了什么变化。

在经济全球化步伐越来越快的今天，我们的视野应该越来越开阔，要知道当今世界都有哪些重要的股价指数。

首先，是美国的道琼斯工业指数。它是以1928年10月1日为基数开始计算的。那时是以100作为起点，2011年3月已经升到12 258点的水平了，这反映了美国经济的整体上升趋势。

第二，是美国的纳斯达克指数。它从1971年才开始，经过30多年的时间，这个指数在2000年曾经升到5 000多点，由于股市高科技泡沫的破灭，导致该指数下降到1 300多点，股票的市值随着泡沫的破裂而蒸发。世界的高科技股票能不能回升，那些信息技术产业的网络公司能不能回升，人们一定要看这个指数。当这个指数回升时，说明世界的高科技企业、那些网络公司的效益好了，因为股价指数一般要先于经济三个月到半年时间作出反应。2007年纳斯达克指数已经回升到2 300多点。到2011年3月4日，纳斯达克指数达到2 798点。

第三，是日本东京的日经指数。因为日本是全球第二大经济规模的国家，日本经济的起伏，对全球经济的影响也是不可低估的。

第四，是英国伦敦的金融时报指数。因为英国的金融业发达，又是老牌工业国家，并且与美国股市的联动非常密切。

此外，还有香港的恒生指数。因为香港是亚洲的金融中心，现在它的经济越来越紧密地与中国内地联系在一起。恒生指数既能反映出国际市场的变化，又能体现出中国国内经济的重大变动对香港产生的影响。而香港金融市场的运作规律又为内地提供了绝好的借鉴。

当我国的资本市场和国外资本市场接轨的时候，大家就要关心这些国际股票市场的股价指数了。当你看到美国道琼斯指数在向下跌的时候，第二天香港股指可能就会下跌，日本也会跟着跌。因为美国经济和美国企业的权重对世界经济的影响绝不可忽视。例如，美国一家大的上市公司的市值竟然可以等于俄罗斯全年的GDP总值。所以，当美国股市发生变动时，世界其他国家的股市都会产生联动，股市的波动是一浪接着一浪的。

作为一个理性的投资者，要做好股市投资，要成为股市投资的最后赢家，能够了解宏观大势是多么重要啊！比如，中国的股市由于一度不规范的炒作透支了股市，从2001年到2005年陷入了一段长时间的低迷期。但是，随着中国外汇储备达到2万亿美元的水平，GDP突破20万亿元人民币，2007年居民储蓄突破18万亿元人民币，经济高速增长和市场充足的资金给股市注入了强大的动力，中国股市经过两年时间，上海证券指数从1 000点水平起步，迅速在2007年10月突破了6 000点的水平。

在2003年版的《推开宏观之窗》书中，针对低迷的股市，我提到：如果看到中国经济在未来二十年内将会出现的高速增长，就会对2003年的股市低迷产生不一样的结论。因为全世界都在看着中国，这么多的外资都已经投到中国，难道那些大的跨国公司它们不会判断吗？它们判断不出中国的制造成本低廉，这里的市场巨大、经济增长潜力巨大吗？如果它们都看好中国经济，我们又有什么理由不看好呢？所以，要辩证地看待中国股市。由于过度的透支，股市可能要经历一个痛苦的调整期。但从长期看，它还将回到一个上升的轨道上。

那么到了2007年，面对炙手可热的中国股市，大家也别忘了，跌宕起伏才是股市的本性。中国股市过去由于缺乏做空机制，所以市场各方力量只能一致推高股价来获利，行情一旦上扬，就再也没有人愿意它下跌，因为只有在股价上扬过程中所有参与者才能获益，直到最后疯狂，以至于市场出现非理性繁荣，最后不得不靠政府出面干预来控制股市，而这样做的弊病在于政府承担了太多难以承担和难以奏效的任务，市场最终又归于一边倒的下跌，甚至出现了与经济增长不符的走势。结果到2007年11月，中国股市从6 124点高位跌下至2 300多点的水平，中国股市开始暴跌，股市市值跌去了2/3，现在2 800点徘徊。中国股票市场需要做空机制，2010年中国推出了股指期货，市场有了做空和做多机制，改变了股市的单边市格局，一改过去的股市要涨就疯涨、要跌就暴跌的现象。市场必须靠自己的力量才能有效抑制股市行情的疯狂。当股指期货推出以后，又难免引起市场行情的波动。但愿每一个投资者都能在新一轮的市场波动中变得更加成熟。

读者朋友，如果你没有入市，没有炒股的经验，也没有炒股的时间与精力，建议你去购买基金。什么是基金，基金说白了就是专业人士替投资者理财。美国有1/4的人炒股，但他们从来都不是自己买卖股票，而是通过买基金的方式，让专业人士替自己理财，这是股票市场未来的发展趋势。基金公司虽然不能做到让你暴赚，但是它一般不会让你的投资暴赔，因为他们这些人具备专业知识，他们知道如何选择股票，他们会利用金融衍生工具对冲风险。这样，当股市大起大落时，你的资产会相对安全。你还可以选择定投，就是每月买500或1000元，股市涨也买、跌也买，当股市是一个牛市，你是可以赚钱的。

资本市场就是这样起伏不定，美国的股市也是经历了无数的跌宕起伏才走到今天的。股市就是具有这样的特性，这就要求投资者学会用最简单和最典型的视角，也就是从宏观视角去看股市。

第十八章　股市泡沫是怎样产生的

18世纪初，英国南海公司股票泡沫破灭，伦敦那条著名的金融交易街因此清静了一百年，这期间英国几乎无人再敢问津股票。

20世纪80年代末，日本地价的上涨使得拥有土地的公司股价直线上升。股价的上涨又吸引了更多的金融机构不断介入，从而加剧了写字楼的紧俏，继续推高了东京的地价，导致日本股市泡沫的最终破灭。日经指数从当年接近4万点的水平跌到2003年8 000点左右的水平，股市的市值已经跌去大约80%。

在股市泡沫的形成中，一些是股票价格已经被炒得太高了，只得靠制造虚假利润来维持，更多的则是从一开始就涉嫌商业欺骗，伪造利润，诱导投资者作出错误判断，不断买入股票，而使股价飙升，公司从中牟取暴利，最终导致整个市场泡沫的出现。

当你发现股价只涨不跌，所有投资者都赚钱而且赚钱很容易的时候，说明股市过热了，已经有泡沫了，这时切忌贪婪。千万不要接到股市泡沫的最后一棒，这时你要学会抽身而逃。

我们都听说过股市泡沫，又听说股市泡沫一旦破灭是件很可怕的事情：股民的财富急剧缩水不说，甚至最后血本无归。那么，股市泡沫是怎么一回事，它究竟是怎么产生的？

前面举例时曾经说过，我想让自己的公司上市融资5 000万元人民币。那么，我发行的股票每股的票面价值是1元钱，如果以票面价值发行了5 000万股，能够融资5 000万元。现在，我想问的是，从股市融资的这5 000万元钱，我是拿走了还是没拿走？

有人认为我拿走了这笔钱，有人认为我没拿走这笔钱，更多的人搞不清楚这个问题。告诉你，股票发行后得到的这5 000万元，我全都拿走了。我要拿它去办企业，建厂房、买机器、招工人，去生产产品。这5 000万元已经在我公司的账户上了，表现为我企业所有的固定资产和流动资金。凡是买我公司股票的人，都变成了公司的投资者，也就是公司的股东。他们在一级市场买了我公司的原始股，把钱放到我公司里，由我公司来运作。因此，我们说，凡是发行股票的公司，在发行成功以后，公司就把股东的钱都拿走了，留给证券交易所的只是相关的手续费。

那么，大家在股市上，在二级市场上买卖的又是什么呢？大家在那里交易的是什么呢？是股票。那么，什么是股票？最初的股票是一张纸，一张证书，上面印着股权数量，比如100股，盖有公司董事长、总经理的私章，还盖有公司的公章，这是一张原始股票。可是这样的股票现在很多人没有见过，因为股票的交易方式先进了。投资者现在买卖的股票，在电脑的交易系统中，在上市公司的电脑档案中。投资者在二级市场买了卖，卖了买，他们已经看不到那张原始的股票凭证了。但是，证券公司给投资者的那张交割单上面有他的买卖记录，会显示他拥有哪些上市公司的股票。而且，在那些公司的股东档案里，也是有投资者的名字的。

那么，股票是什么？它是一张所有权证书。投资者在一级市场买股票的钱已经被上市公司拿走了，投资者拿到的只是这张所有权证书，证明自己是某公司的股东。当投资者拿走这张证书之后，是不可以找上市公司去退钱的，除非该公司回购自己的股票。如果投资者不想要这张股票了，他一定要到股票的交易市场也就是到二级市场上去卖掉。如果有人愿意接手，这个投资者就可以卖掉这张股票了。所以，二级市场才是投资者买卖股票的地方。

你看，实际上是有两套资金在运作：一套资金上市公司已经拿走了，拿去开展实业经营。如果投资者在一级市场买了这只股票，他们的钱归了上市公司，公司的股票归他们。上市公司把这些钱拿去从事生产、经营活动，为持有股票的人赚取更多利润。所有投资者手里拿的是上市公司发行的股票，他们可以持有，也可以卖掉，但必须要去二级市场卖掉。如果投资者不再看好这家公司，要抛出手中的股票，而有人认为这家公司大有前途，愿意买进，他们就会进行买卖交割，新的投资者用现金买下这只股票。我们说，在股票二级市场上进行交易的还有一套资金，这套资金是投资者买卖股票的资金，它不从事实际的生产活动，所以，有人把它叫做虚拟资本。

什么是虚拟资本？因为这些资本不从事现实的生产和经营活动，只是通过买卖证券来赚钱。凡是在资本市场里运作的资金都叫做虚拟资本。而虚拟资本的运作，它的发展趋势是规模越来越大。原来一只股票的发行价格是1元钱，现在它的股价升值了，升到10元钱，那么这个上市公司的股票原来值5 000万元，现在就变成了5亿元。现实中在公司运作的资金还是5 000万元，而在股票市场里这个公司的股票却是5亿元资金在运作。如果所有上市公司的股价都向上升，那么随着股指的上升，股票市场的市值就会膨胀，反之，则股市市值缩水。

在股票市场上，股票价格的上升，使其股市的市值也就是虚拟资本大大超过在经济领域中运作的实际资本的数量。当我们了解到虚拟资本这个概念以后，我们就可以分析股市中为什么会有泡沫、股市里的泡沫又是怎样形成的。

比如，前面我们说过，一只股票的发行价格是1元钱，在股票交易市场飙升到10元。如果该上市公司的效益非常好，真的赚了钱，那么这只股票确实值这么多钱，但是如果该公司根本没有赚到这么多钱，甚至还亏损，这只股票升到10元就有了水分，其虚假部分，人们称之为“泡沫”。这种现象在股市是常有的事情。

下面让我们用一个形象的比喻来说明股市的泡沫是怎么产生的。喝过啤酒的人都知道，当你轻轻把瓶盖打开，一瓶啤酒就是一瓶的容量。可是，当你把它倒入酒杯的时候，杯中就泛起了泡沫。倒得越快，泡沫越多，很快就溢出来了。等一会儿泡沫就会消退，再看杯中的酒，只剩下一半或者更少，那些泡沫不见了。

本来只有一瓶酒，可有人拿着它不停地摇，这一瓶酒就可以倒满很多杯，大家都能喝上一口。其实，大家喝下去的不全是酒，还有泡沫，因为酒只有一瓶。股市泡沫就是这样产生的。本来上市公司的效益不好，经营业绩很差，不能给股东分红，可是公司不断公布利好消息，误导投资者看好这只股票。买进的人越来越多，股票的价格也就越来越高，吹起的泡沫也越来越大。最后，当投资者发现这只股票根本不值这么多钱时，他们就会大量抛售，致使股票价格一落千丈，因为这只股票以前的价格偏离了价值，从而产生了泡沫。

其实，一只股票有泡沫还不可怕，就怕大多数股票都出现了泡沫，从而导致整个股市泡沫泛滥。如果股市泡沫高过一定的限度，必然会被自身的重量压垮，从而引发一系列股灾，使所有投资者的资产急剧缩水。所以，股市中有些泡沫并不可怕，可怕的是泡沫太多，就像开香槟，大家都喷了一头一脸，看起来热闹闻着也香，可是连一口也喝不上。

股市泡沫带来的危害常常是非常巨大的，让我们来看股市泡沫是如何危害整个经济的。

这里给大家讲一个英国南海泡沫的故事。1711年，英国政府成立南海贸易公司，专做拉丁美洲贸易。然而，这家公司开业了8年，却没有干过一桩赢利的生意，不仅一个便士没赚到，连一笔买卖都没干成，公司难以为继。它是英国政府经营的公司，给政府造成的赤字太大了，导致1718年英国国债总额高达3 100万英镑。结果怎么办呢？英国政府无计可施，决定把南海公司的股票卖给公众。这是一家拥有皇家特许权的公司，于是公司的经营者利用各种条件造势、编故事，推动股价上涨。人们相信了，引发了英国人炒股的狂热。巨大的骗局使公众失去了理性，南海公司的股价在不到半年的时间里，每股价格从330英镑升到1 050英镑。

当时，很多民营公司的发展也需要资金，于是一些公司背着政府偷偷发行股票，这样一来，南海公司的股价就跌下来了。该公司开始游说议会，买通议员，不许民间发行股票。结果英国议会通过了一项《反金融诈骗和投资法》，人称“泡沫法”。它以法律手段打压民间股票，这就更加推高了南海公司股票的泡沫。这是人类社会第一次出现“股市泡沫”这个概念，一直沿用至今。由于它起源于民间，所以“泡沫”不是一个严谨的经济学概念。

借助行政和法规的力量，南海公司的股价继续上涨，而南海公司却依然什么生意都不做，继续花着股东的钱，公司没有任何效益。由于政府官员和公司之间的内部交易推高了股价，大量的投机行为击碎了南海公司的泡沫。当人们知道了事情的真相后，纷纷抛出股票，导致股价暴跌，因为它原本就不值1 000多英镑。为什么股市泡沫最终要破灭呢？因为当有人开始抛出股票的时候，所有人都会跟着抛，没有人买进，没有人接盘，这时股价就会一落千丈，泡沫就是这样破裂的。

当时英国的财政大臣卖掉自己的股票，通过内部交易赚了90万英镑的收益。丑闻暴露后，他被关进了英国的皇家监狱“伦敦塔”。但这堆泡沫破裂后，最悲惨的是那些中小投资者，他们损失了一生的积蓄。就连牛顿这样的大科学家也买了南海公司的股票，赔进2万英镑，事后他不无忧伤地说：“我可以准确计算出天体运行规律，我却无法计算出股票市场的变化趋势。”

南海事件让英国政府信誉扫地，伦敦那条著名的金融交易街为此清静了一百年，这期间从未再发行过一只股票，英国几乎无人再敢问津股票。南海泡沫给英国人留下了惨痛的教训。

但是，英国股市泡沫的破灭并没有阻挡住后来者的脚步。美国1929年的大股灾是另外一个典型。1929年以前，美国人根本不知道股市泡沫破灭会带来怎样的厄运。美国在那场股灾中，有1 300家银行倒闭、3 700万人失业、5 300家公司破产。股市泡沫引起股灾，股灾不仅给美国经济带来了巨大的损失，也使世界经济陷入大衰退之中。这场经济危机直接促成了纳粹德国和日本这两个第二次世界大战策源地的形成，法西斯分子和军国主义分子都是在乱中夺权。这场股灾让人们认识到股市泡沫的严重危害性。因此，美国在1933~1934年间，相继出台了《证券法》和《证券交易法》等一系列规范市场行为的法律，它们作为股市的守护神，成了遏制股市泡沫最为有效的利器之一。

英国有过股市泡沫破灭的惨痛教训，美国也没有躲过泡沫破灭的厄运。但是股市泡沫膨胀的机理，像癌细胞一样在世界各个国家蔓延，泡沫破灭的悲剧不断上演。

到20世纪80年代中期，日元的迅速升值炒高了日本股票市场的热度，加上日本政府推行的金融自由化政策，使得许多日本人坚信东京有望成为继纽约、伦敦之后的又一个国际金融中心。世界各地的银行、证券公司蜂拥而至，东京一下子暴露出写字楼严重不足的问题。于是日本政府出面，一个庞大的东京湾沿岸开发计划开始实施。这项计划要在东京湾修建5 000公顷的写字楼，这个举措极大地促进了东京地价的上涨，尤其是东京市中心的地价，仅仅两年时间就上涨了3倍，可见股市的繁荣对地价的上涨起到了推波助澜的作用。

有一家钢铁公司由于债台高筑，已很难再经营下去，但是该公司在东京湾临海中心有12平方公里的闲置地皮，而这块地皮被列入了政府东京湾沿岸的开发计划，1988年这家钢铁公司的股票价格仅仅一年时间就涨了将近3倍。日本地价的上涨使得拥有土地的公司股价直线上涨，股价的上涨又吸引了更多的金融机构不断落户东京，从而加剧了写字楼的紧俏，继续推高了东京的地价。如此循环往复，相互推动，使得日本的经济泡沫越吹越大。

后来计算，1955~1990年，日本房地产价值增长了75倍。1990年，日本地产的总价值预计为20万亿美元，相当于世界总财富的20%还多，是全球股市总市值的2倍。美国本土面积比日本大25倍，但是1990年日本地产的价值相当于美国全国地产总值的5倍。从理论上说，日本可以卖掉东京湾而买下全美国；只要卖掉日本皇宫，就可以买下美国整个加州。日本经济泡沫不可思议的程度由此可见一斑。

在这种情况下，由于日本经济的过度膨胀，大家都觉得自己财富多了，可以一夜暴富。然后大家就去消费、投资、花钱，好像财源不断。这种影响马上会波及所有的市场，很容易导致整个国家泡沫经济的出现。最后，日本同样没有逃脱股市泡沫破灭的厄运。日本股市从20世纪90年代初日经指数接近4万点的水平跌到2003年8 000点的水平，股市市值已经跌去大约80%。由于股市泡沫的破灭，日本经济陷入了长时间的低迷，在谷底徘徊了二十年之久。所以，股市泡沫激增是非常危险的，应该引起各国政府的高度警惕。

当日本还没有从衰退的阴影中走出来，东南亚的新兴国家又上演了一出更为惨烈的泡沫悲剧。只是这次与以往有所不同，东南亚新兴国家的经济和股市泡沫是在国际游资的蓄意攻击下破灭的，股市泡沫的破灭有了新的教训。关于这场金融危机的灾难，我们将在下一章重点描述。

股市泡沫破灭的悲剧不仅在不同的国家轮番上演，即使在同一个国家，也会反复出现。在美国，2000年高科技股票出现了大量泡沫，股票从1美元升到100美元这样的例子非常之多，尤其是当时的互联网股票。到2000年4月，美国发生了纳斯达克股票市场的暴跌，纳斯达克指数从5 000多点的高位跌至1 300多点，跌去了2/3。很多曾经风光无限的股票，价钱只剩一半。美国不少股票的市值跌去80%~90%，有些公司甚至倒闭破产清算，这在泡沫破裂后的股市中极为常见。但不管怎样，这些股市泡沫的形成，都是一轮又一轮不厌其烦地鼓吹和重复着那些上市公司遥远的业绩神话，而神话终归是神话。严重的透支行为，迟早要付出惨重的代价。

说到底，股票的市场价格是和公司的获利能力相匹配的。于是，当股票价格涨到一定程度的时候，在巨大的利益驱动下，一些上市公司不惜编造财务报表，伪造利润，欺骗投资者。这样的情形在中国这样的新兴股票市场中存在，在美国这样的成熟股票市场也不鲜见。2002年，美国又出了世界排名500强的公司造假账丑闻，世界通信公司、安然公司、施乐公司等企业巨头纷纷落马。在这些丑闻中，一些是因为股票价格已经被炒得太高了，只得靠制造虚假财务利润来维持，更多的则是从一开始就涉嫌商业欺诈，伪造利润诱导投资者作出错误判断，不断买入股票而使股票价格飙升，最后导致股市泡沫膨胀，甚至整个股票市场的泡沫膨胀。所以，同股票市场里面的虚假行为做斗争，对各个国家的政府和监管部门来说，都是一个长期而艰巨的任务，因为股市的利益诱惑太大了。

所以必须要牢记：股市虽然是人们投资和投机的场所，但股市绝不是稳赚不赔的市场。而且股市的发展是与宏观经济形势紧密结合在一起的。在上市公司效益不好的情况下，股价怎么可能上升，股指怎么可能上涨呢？如果股价上涨，那只是短期的行情，只是人为炒作的结果。如果加上不断的人为编造的业绩神话，泡沫越吹越大，以至最终破灭，就会使得绝大多数投资者血本无归。

中国股市到2011年已经走过了20年的历程，中间也经历了几次大起大落。股市刚开放时，我国的股市投资者没有经验，他们还没有弄清楚，看到股价一路上涨，胆大的便不管三七二十一就冲了进去，赚了大钱。后来人们是听到点消息就往里冲。结果在宏观经济形势不好的情况下，或者经济进行治理整顿的时候，股市出现了大幅的下跌，很多投资者损失惨重。回顾中国股市过去的历史，从升到跌，从跌到升，这样的轮回周而复始地进行着。从2001年中国股市大跌了五年，上证综指跌到998点；但是到了2006、2007年，仅用两年时间又升到6 000多点，接着不到一年又回到2 000点下方。股市涨跌的背后其实都有原因，它们与宏观经济大势息息相关，所以学会看宏观大势很重要。

说了这么多股市泡沫的可怕之处，也许你会想，既然股市存在大量问题，如投机行为、股市泡沫、爆发股灾、引起金融风暴等，那么，为什么各国政府都允许股市存在，我国政府还要大力发展资本市场呢？原因如下：

第一，股市是企业的一条融资渠道。企业的发展需要钱，到哪里去找呢？股市是投资者自愿交易的一种方式，买者和卖者自愿走到一起来，这是一条自愿融资的渠道。

第二，股市会使资金从效益不好的企业流向效益好的企业。如果某企业的效益不好，投资者就不会去买这个企业的股票，或者把这只股票抛出，投向效益好的企业，资金就会自动转向效益好的企业。

第三，股市促进企业改善经营管理。公司的股票上市后，每年都要公布公司业绩年报。如果效益不好的话，公司的股价就会下跌，所以它能促进企业改善自己的经营管理。

第四，股市是政府税收的重要渠道。正是因为上市公司有了相对良好的经营管理，有了相对有效的监督机制，有了良好的业绩，它也成为政府一条重要的税收渠道。我国政府征收股市交易印花税，现在每一年就大约会有5 000亿元人民币滚进财政的口袋里。

所以，股市是一国经济发展的一个非常有效的组成部分。只是我们应该注意，在利用股市对经济有利的一面的同时，还要注意控制它的危害。这也是我国政府近几年来一直不断强调要整顿金融市场秩序的根本原因。尽管看到了股市中的问题，但只要政府制定好规则，严格管理，它就会健康地发展。只要我们对股市泡沫始终保持高度警惕，就可以争取将股市泡沫对经济的伤害程度尽可能降到最低。

那么，作为个人，我们要学会看什么样的指标才能够判断经济太热了、股市中有泡沫了？如果你发现在股市里赚钱太容易了，股票市场只涨不跌，所有投资者都在赚钱的时候，就说明股市过热了，已经进入博傻阶段。每个后来的进入者，或者在股市里面的坚持者，随时都可能接到股市泡沫的最后一棒。这时你要准备抽身而逃了。

第十九章　金融风暴是如何形成的

由于全球经济一体化步伐的加快、各国经济关联的紧密、经济循环速度的加快，一个国家开始出现的金融危机很快便可以波及另一个国家，形成一场大范围的金融风暴。

在1997年席卷亚洲的金融风暴当中，很多企业破产倒闭。在泰国、马来西亚和印度尼西亚等国，由于国民的工资收入普遍下降，通货膨胀使国内物价普遍上升，人民实际生活水平降幅平均超过了30%。由于经济不稳定，导致很多国家出现了严重的政治和社会的动荡。2008年在美国爆发的金融海啸更为严重。

金融风暴是怎样形成的？它为什么来得如此迅猛？作为一个普通投资者、一位企业家、一名政府官员，当你看到股价、楼价、物价都在疯狂上涨，而且长时间居高不下，这时金融风险就离我们不远了，你要学会规避风险。

我们看到，当投机风气盛行的时候，股市泡沫膨胀，很容易引发股市危机甚至金融动荡。但金融危机并不完全都是由于股市产生的，股市只是引发金融危机的一个重要环节。此外，由债务危机引发的金融危机近年来也是频频发生。

1997年，一场空前的金融风暴席卷了亚洲许多国家和地区。风暴首先从泰国开始，由于泰国股市出现了大量泡沫，国家的债务结构严重失衡，给了国际游资策动攻击的可乘之机。泰国的货币泰铢成了国际游资攻击的突破口。在国际炒家们精心策划的一揽子方案的猛烈攻击下，1997年7月2日，刚刚上任12天的泰国财长塔隆，面对日益枯竭的国家外汇储备和日益明了的巨额外债负担，终于放弃了那个执行了13年之久的固定汇率制度。就是这一天，当泰国民众一觉醒来的时候，发现手中的泰铢贬值了，陡然间失去了20%的国际购买力。当一国的汇率被击垮，该国的货币就会迅速贬值，因为人们都不愿再持有本国货币了。

泰国金融体系被击溃之后，金融风暴迅速扩散。1997年7月11日，不堪重负的菲律宾政府放弃了固定汇率制度，菲律宾比索应声暴贬；7月14日，印度尼西亚政府面对尚不足200亿美元的外汇储备和1 000亿美元的巨额外债，忍痛宣告印尼盾失守；8月8日，马来西亚政府在国际游资的强大攻势下，放弃了捍卫马币林吉特的努力。至此，号称亚洲经济“四小虎”的4个国家全部倒下，新加坡的股市、汇市同样也跌进了深渊。这些国家的汇率遭到攻击，它们的货币全都不同程度地贬值了。

但是，这场金融风暴远远没有就此完结。8月15日，它又在我国香港和台湾地区登陆。10月18日，台湾地区在拥有830亿美元充足外汇储备的情况下突然宣布放弃固定汇率制，使得新台币汇率一举跌破了30元兑换1美元的心理大关；随即，香港成为国际投机资本的众矢之的。10月20日，香港打响了港币保卫战。经历5天腥风血雨的激战，港币守住了，但香港股市恒生指数却早已跌破万点大关，与两个月之前的市值相比，港股4.3万亿港币的总市值已经跌去一半，缩水2万亿港币。

金融风暴在香港受挫后，并没有停下它的脚步。11月7日，又在韩国首尔登陆，作为全球第十一大经济实体的韩国仅仅支撑了10天，韩元即告弃守，瞬间跌破1 000韩元兑换1美元的关键价位，跌幅高达20%。到12月2日，韩国中央银行外汇储备只剩下60亿美元，而此时韩国外债总额达1 100亿美元，其中1年内到期的短期外债达800亿美元，而在20天内必须归还的外债总额竟高达200亿美元。韩国还不起外债了，难怪当时韩国总统金泳三不无悲伤地说：“韩国政府实际上已经破产了。”

12月3日，金大中和三位总统候选人，加上国会议长一起，在国际货币基金组织提出的救援条款上签字画押时，金大中说：“1997年12月3日是韩国的国耻日。”至此，亚洲经济 “四小龙”和“四小虎”在这场金融风暴中几乎无一幸免。

我们现在回顾1997年这场亚洲金融风暴，不仅看到了它的残酷，更值得思考的是，金融风暴究竟是怎么形成的？面对这样的风暴，作为个人、企业，甚至国家，我们能做些什么？

这场风暴起于泰国。当时，一部分国际炒家已经看到泰国的经济变得虚弱了。泰国政府借了大量的外债，短期的热钱大量流入泰国，去追逐泰国房地产市场中迅速膨胀的财富，尤其是太多的人把钱投到了股市。国际炒家已经看准泰国经济中出现了重大隐患，很难抵御大规模持续的金融攻击。于是，他们首先在汇市上发难，因为一个开放的国家币值是否稳定，直接影响到国民对本国经济的信心。国际炒家利用成倍放大的金融杠杆工具，大量从泰国银行借入泰铢，反手又在汇市交易中大量抛售泰铢，迫使泰国政府为了维持汇率的稳定，不得不动用手中的美元储备承接泰铢的抛盘。结果，泰国政府本来就不多的美元外汇储备很快就不够用了，而政府短期外债的到期还本付息压力又越来越大，最终不得不放弃泰铢与美元的固定汇率，使那些国际炒家们在泰国得手了。

在这个过程中，国际游资攻击一旦开始，大量流动性强的资金就会不断迅速撤离股市。这时，股价就会一轮接一轮地大幅下跌。银行为规避风险，被迫开始紧缩银根，甚至把很多管理不善的银行迅速逼到破产边缘。这样，汇市、股市双双暴跌，人们对国家经济的信心急剧下降，更不断从股市抽逃资金，都去银行挤提自己的存款，然后把手中的泰铢尽快换成美元。于是，整个国家经济陷入了恶性循环之中，并处于全面崩溃的边缘。

那么，国际炒家把汇市、股市都砸下去了，他们还怎么赚钱呢？这是我们在上一章金融市场中没有讲到的内容。在成熟的国际金融市场交易中，存在着大量的金融衍生产品交易。这些交易中有很多是纯粹的套利工具，在这些金融产品的设计中，是有做空机制的。所谓做空，是指如果你判断某种金融行情会下跌，而且你判断对了，你买的金融产品不是看涨，而是看跌。那么，在行情下跌的过程中，你就可以赚钱了。所以，在东南亚这些国家已经开放的金融市场交易中，国际炒家们利用了大量做空的交易手段。他们在汇市、股市的大幅下跌中获得了暴利。

以股市为例，国际炒家们可以在股价处于高位时开始大量抛出股票，首先获取他们在高位卖出和当初在低位买入的差价利润；然后继续抛出股票。后一个做法常常令人不解：股票已经跌得一塌糊涂了，为什么他们还在继续抛出呢？他们甚至高价吃进，低价抛出！实际上，他们已经不是靠买卖股票的差价获利了，而是通过大量抛出股票使得股价下跌，从而带动股指下跌。这些炒家们早已在抛出股票之前买入了大量看空股指的交易单。所以，在很多人看着炒家们不惜血本在股市上抛售股票的时候，却不知他们悄悄从股指期货的看空交易中赚了大钱。

讲一个相对容易理解的股票做空交易：假设炒家手上本来没有股票，他在某只股票的市场价格为10元的时候从某股东或者机构手上借来1 000股，这时候炒家在10元价位时全部抛出，会获得现金1万元，等股票价格跌到8元的时候，他再花8 000元钱就可以买回1 000股，然后把这1 000股股票还给原来的机构或股东，最后自己手上就可以有2 000元的获利。当然，这只是做空股票获利的一个简单例子。在实际的操作中，还要受大量复杂的游戏规则的约束。

外汇套利交易的原理也有类似的地方。比如，在亚洲金融风暴初期，有外国金融机构从泰国银行借到250亿铢，又以1 ∶ 25的比例兑换成10亿美元；当泰铢汇率被攻击，跌破1 ∶ 50的时候，炒家可以将这10亿美元兑回500亿泰铢，再将其中250亿铢连同利息等费用还给银行，就可获得大约250亿铢的利润或保留5亿美元，这5亿美元就是炒家赚的钱。

不过，一个值得重视的问题是：在这些做空的金融交易中，尤其是期货（比如股指期货、外汇保证金）交易中，都有金融杠杆的放大作用。简单说就是，这些金融产品的游戏规则允许他们将实际股票交易市场中反映出的损益，进行数倍甚至数十倍的放大以获利。比如，当国际炒家攻击泰国时，游戏规则可能允许有良好信誉的金融机构在自有100万元资金时，却可以从银行融资1 000万元来做交易；又比如，做外汇保证金的交易，你想做200万元，但实际并不需要付这么多现钱，而是按照游戏规则，可能只需要付5%的保证金，也就是10万元，按照20倍的放大比例来做。如果你看好的外汇涨了1%，就意味着你赚了200万元的1%，也就是2万元，而对于你10万元的本金来说，收益率却已经达到了20%。当然，你做反了的时候，赔起来是一样的可怕。

所以在实际操作中，又出现了对冲基金等模式，就是一个机构做两个相反方向的交易，以此来规避行情做反的风险。总的来说，正是由于金融交易中杠杆效应的大量存在，所以当金融市场出现风险的时候，影响也会被成倍甚至几十倍地放大。这也是很多人不太理解为什么金融风暴来得如此迅猛的一个重要原因。

在1997年这场惊心动魄的金融风暴中，有一个著名的国际炒家索罗斯，他是量子基金的掌门人。当时他只用了9 000万美元，几个月以后他的账户上就有了20亿美元的进账。可怕的是，这场金融风暴中调集的国际游资的总量有1 000亿美元之巨。这么大规模的资金被用来对一个国家的金融市场进行密集攻击，哪个国家有这么多的外汇储备？它们怎能抵抗住这么高强度的攻击呢？

现代金融市场的特点是以光速在挪动着金钱。一个电话、一台电脑就可以在互联网上下单，瞬间就可以完成一笔大的金融交易。无论这个投资者或国际炒家在世界上哪个角落，他都可以进行操作，使得任何一个金融市场开放的国家，都难以抵御如此大规模和高速度的金融攻击。一个国家的金融体系一旦被攻破，该国的巨量财富就会被国际炒家一阵风似的卷走，本国经济则马上陷入恶性循环之中，进而面临全面崩溃。最可怕的是，人们的信心一旦决堤，金融危机就会像瘟疫一样在周边国家和地区之间相互传染。

下面让我们再看一个实例：美国的老虎基金是如何袭击香港的。让大家了解金融风暴是怎样被掀起来的。

美国有一个老虎基金，它也是著名的宏观对冲基金之一，与索罗斯的量子基金可谓并驾齐驱。老虎基金的创办人叫朱利安·罗伯逊，他是华尔街的风云人物。

朱利安出生于美国南部的一个小镇，从北卡罗来纳大学商学院毕业后，在某证券公司干了二十年之久。1980年5月他创办老虎基金，开始了“全球性投资”。

在度过十年的蛰伏期后，也就是20世纪80年代末90年代初，“老虎”开始发威。当时，朱利安准确地预测到柏林墙倒塌后德国股市将进入牛市，同时沽空泡沫达到顶点的日本股市（沽空指先借入股票，然后沽售，当股价下跌到一定水平时再购回，赚取其中的差价）。

1992年后，他又预见到全球债券市场的灾难。随着这些预测一一实现，老虎基金管理的资产规模在20世纪90年代以后迅速增大，从1980年起家时的800万美元迅速发展到1991年的10亿美元、1996年的70亿美元，直到1998年鼎盛期的200亿美元。

1997年老虎基金发现东南亚尤其是泰国经济出现过热情况。他们看到这样的现象：比如纳华证券是泰国的一家上市公司，该公司的市值按美元计算竟然已接近美国最大投资银行之一的摩根士丹利！可见当时泰国的经济泡沫已到了耸人听闻的地步。

再比如，在1996年，仅在泰国首都曼谷就有相当于200亿美元的房子卖不出去，楼市崩溃已经无可避免了。更令人担忧的是，房地产相关的贷款占银行业贷款总额的50%。到1997年，泰国一半以上的房地产企业在银行的贷款都成了坏账！

所有经济信息明白无误地告诉这只“老虎”：机会到了！于是它先从泰国下手，攻击泰铢。在泰国得手后，又盯上中国香港，观察香港经济是否出了问题。它找到的突破口正是在香港上市的中国内地的国有企业。1997年，正值香港回归祖国的怀抱，当时港人对中国内地寄予厚望，看好这些企业的股票，导致香港股市的红筹股和国企股股价飙升。老虎基金的基金经理们感觉到了香港股市中的泡沫。

于是，他们派人到上海实地考察。在访问上海造船厂之后，老虎基金的分析员说：这只股票根本不值那么多钱（股价）。因为它的船生锈了，工人在聊天。他们通过各种数据综合分析后作出判断，决定攻击香港。

这个例子说明，我们在观察经济时，是有一些原理可循的，也有一些简单明了的经济现象很能说明问题。重要的是，当我们看到这些经济现象的时候，是否能够想到它说明了什么？它揭示了什么样的风险？又带来了什么样的商机？

所幸的是，在1997~1998年亚洲金融风暴中，这些国际炒家们没能在香港得手。香港的联系汇率制度最终没有被攻破，香港股市也在特区政府救市之后出现了回升，这与香港的金融管理制度健全和银行体制的健康是分不开的。当香港金融市场被攻击之后，香港金融管理局密切监视着所有大量借钱的那些外国机构，并且用市场行为的方式与这些国际炒家们对阵。香港当时的隔夜拆息率曾一度高达300%，就是借1元钱要还3元钱。这意味着那些国际炒家们在借钱的时候，成本已经非常高了。同时，香港金融管理局拥有880亿美元的外汇储备，还有祖国内地更强大的外汇储备做后盾，使得国际炒家冲击港元联系汇率最终失败。当时香港180多家持牌银行，没有一家出现储户来提钱时银行没钱支付的情形。香港银行的自有资金高于国际规定的8%，而银行的呆坏账率不足2%。所以，国际炒家们把香港当做提款机的阴谋最终没能得逞。

通过香港我们也可以看到，在金融风暴中，一个健康的金融管理体系和强大的经济实力后盾是多么重要，这些都是有效制止金融瘟疫蔓延的利器。

1997年9月，在香港举行的世界银行年会上，马来西亚前任总理马哈蒂尔和国际炒家索罗斯碰到了一起。马哈蒂尔拍案而起，怒斥索罗斯："你这个慈善家，竟然以慈善家的面目使得穷人更穷，富人更富！"索罗斯回击说："如果你们国家的经济没有问题，怎么会有人来炒你们呢？是你们国家的经济出了问题，才会有金融危机。"

由此也提出了一个问题：一个国家出现金融危机的原因究竟是什么呢？

一些东南亚国家为了促进经济快速发展，就放开了本国资本市场，允许外资自由出入。于是，短期资本都来了，人们把短期资本叫"热钱"，它们是投机资本。同时，政府又借了大量的外债。资金不断流入这些新兴的市场经济国家。钱一流进来，经济发展就快了。这些资金投资股市、地产、实业，使得这些国家呈现出欣欣向荣的面貌。但是好景不长，这些国家的经济结构在不知不觉中开始出现问题。一国经济在高速增长的过程中，很多问题暂时被掩盖了。经济中出现的大量泡沫还没有及时清理，就被国际炒家抓住了机会。等到本国政府意识到出了问题，为时已晚。金融危机带来的后果是经济萧条，货币的贬值是由本国人民来承担的，因为所有人手中的钱全都贬值了。

在1997年的亚洲金融风暴中，中国是唯一幸免的国家。我们没有遭到国际炒家的袭击。这是中国政府做得最出色的地方，也令世界各国刮目相看。其中关键原因在于我国没有开放资本市场让外资进来。我国在金融体制改革过程中相对谨慎，没有操之过急。没有像东南亚那些新兴的工业国家一样，及早开放了资本市场。

大家知道，我国在20世纪90年代金融体制改革的过程中，只是开放了经常项目下的人民币可自由兑换，没有放开资本项目下人民币的可自由兑换，就是没有允许外资进入我国的资本市场、股票证券市场。同时，我国政府没有借入大量的短期外债，我国还有强大的外汇储备。正是这些因素的存在，才使得我国躲过了亚洲金融风暴。

应该看到，我国的金融市场还不成熟，我国的股市相对年轻，法规不健全，管理不够完善，股市中很多的游戏规则还在慢慢形成和试探的过程之中。我们甚至不知道国际炒家是如何炒作和发动攻击的。所以，中国的金融市场是一个相对谨慎的开放领域，同时也是亟待完善和提高的领域。

但是，我们也应该看到我国金融体系本身存在的问题、我国商业银行中存在的管理问题、我国股市中存在的种种问题等。我国的资本市场迟早是要放开的，人民币终将走向可自由兑换。所以，加强银行监管，防范金融风险，防止国际热钱抄底中国，健全金融监管的法律法规，规范金融市场的秩序，是我国政府面临的重要任务。

作为一个普通投资者，作为一个企业家，作为一个政府官员，重要的是要学会找到在这个市场中生存的机会，学会看经济和金融中可能出现重大问题的苗头，当金融危机和金融风暴真的来临时，能成功地规避风险，不赔就是赚。

第二十章　汇率是宏观中的宏观

进入21世纪以来，欧元一路飙升，而美元却一路下跌。美元和欧元的汇率为何会走出不同的趋势呢?

我们说，影响一国汇率根本走向的是一国的综合实力和经济增长速度。简单地说，一国经济高速增长，汇率就会上升，一国经济衰落，汇率就会下降。例如，中国经济高速增长，带来人民币的升值，表现为人民币汇率的上升，外汇储备的增加。在人民币升值过程中，对你个人、企业、政府都会产生一定的影响，我们一定不要忘记日元升值的教训。

汇率，现已成为国与国之间综合实力的比较与较量。国际汇价的形成，综合了一个国家政治、经济、军事、制度，甚至包括国民心理和文化上的比较。汇率可以算得上是宏观中的宏观，通过它，几乎可以折射出一国宏观经济的全部问题。随着中国经济的发展，汇率是每一个人都需要掌握的常识。

最近几年，国内那些手中握有美元的人们开始感到了一种前所未有的压力。因为用美元兑换人民币明显越来越不合算了。有些人过去甚至通过黑市用9元左右的人民币兑美元的价格买入的美元，如今不仅没有保值、升值，而且已经赔钱了，2010年底美元兑人民币已经跌到了6.76以下的水平。汇率问题不管在国内还是国外已经越来越成为人们关注的焦点。

实际上，汇率反映的是国与国之间货币的比较，反映的是国与国之间的经济甚至政治和军事实力的比较，汇率可以算得上是更大范围的宏观问题。

汇率是怎么产生的呢？最早的汇率产生是由于各国之间进行贸易往来时，在货物和商品交易中彼此需要支付各自的货币，两种货币交换形成一个比价，这个比价就是汇率。通俗地说，汇率是两种货币交换的价格。

比如，在中国和美国之间做交易，如果美国商品出口到中国，我们用什么货币和它结算呢？这要看合同的规定，有可能用人民币结算，也有可能用美元结算。如果是以美元支付，那就要先按照汇率换算出应该折合多少人民币，再由银行兑换成美元付给外商。

这看似简单的兑换行为，其实里面大有学问。我们在合同中选择以什么货币支付，什么时候支付；是以签约时约定的汇率支付，还是以实际支付时的即时汇率支付，都会对交易的利润产生影响。有些企业在跟外商交易时，本来它的账面上已经赢利了，可是等到要支付外汇的时候，一换算才发现自己没赚反倒赔了。为什么呢？因为它在支付的时候，国际汇率行情已经发生了重大变化。有些货币升值了，有些货币贬值了，汇率发生变化了。

比如日本政府，它希望日元强势还是弱势呢？它希望日元的汇率是高还是低呢？从目前日本经济发展的角度来讲，如果日本政府希望大量增加出口，它就希望日元贬值，因为日元贬值有利于它的出口。这时，我们就要小心了，在和它签约的时候，就要预见到将来可能发生的汇率变化。尽管日本政府希望日元贬值，但如果突然遇到美国经济出现重大问题，比如发生新的战争，那么日元兑美元的汇率可能会急剧升高。如果这些因素没有考虑到的话，同样会影响到你做买卖的最终利润。做成一笔生意本来就不容易，可能它的利润是10%，结果汇率在对你不利的方向波动了10%以上，这笔生意就等于白做了，甚至还会赔钱。我们说，对于和外商做生意的人如此，对于那些利用外汇交易进行资产保值、增值的个人和企业来说，就更要留神了。

说到日本，为了有利于出口，它希望日元贬值。当日元贬值后，它把商品出口到别的国家，那些当地人就可以用相同金额的本国货币买到更多的日本产品。这就相当于日本产品便宜了，在国外有了更大的市场，日本产品就可以大量出口。所以日本是一个贸易顺差大国。

美国走的却是一条相反的路线。美国政府在20世纪90年代一直走强势美元的路线，这有利于进口。大量进口外国便宜的消费品，也有利于降低国内通货膨胀率，还能稳定民心。美元强势，相当于它可以花很少的钱买到别国更多的商品。结果是，美国成为一个贸易逆差大国。

可进入21世纪以来，特别是在2008年，美国爆发了金融海啸，美国经济出问题了，美国开始救市，实行量化宽松的货币政策，促使美元贬值，以达到加大出口、减少出口、减少贸易赤字的目的。使美元处于跌势之中，美元不断贬值，各国汇率都出现了重大波动。各国之间展开贸易钱、货币战、汇率战。学习经济学理论，更多的是让我们明白汇率是怎么形成的，它是根据什么变动的，怎样看待不同的货币，汇率变动背后的经济原因有哪些，它们涉及国力是否雄厚、经济增长率如何、物价变动如何等一系列因素。

2002~2007年这段时间，在外汇市场上比较引人注目的是欧元。大家知道，欧元刚发行的时候币值比美元还高，也就是1美元兑不到1欧元，后来跌到0.82美元可以兑1欧元，但是到2007年，大约1.48美元才能兑到1欧元。美元贬值了，欧元升值了。为什么会发生这样的变化呢？这要从欧元的诞生谈起。

在欧元诞生以前，人们曾经算过这样一笔账：一个人从法国出发，带着一笔法郎准备在欧洲走一圈，他决定这笔钱什么都不干，只是把它兑换成相应国家的货币，最后看这笔钱是多了还是少了。于是，他到一个国家就把这笔钱换成这个国家的货币。比如，他到了德国，就把法国法郎换成德国马克；到了英国，就把马克换成英镑；到了荷兰，就把英镑换成荷兰盾；到了瑞士，就把荷兰盾换成瑞士法郎；到了意大利，就把瑞士法郎换成意大利里拉；最后回到法国，再用里拉换回法国法郎。等他走完欧洲一圈回来后，数一数钱他惊奇地发现：他带的这笔钱什么都没干，却比他出发时少了一半。

这个事例说明了什么？它说明，在经济这么发达的欧洲，在交通和贸易如此发达的情况下，人们为了兑换货币所付出的交易成本还是太高了。为了降低这种交易成本，全面提升欧洲在全球经济格局中的竞争实力，于是有了组成欧洲货币联盟的想法，在这种想法之上产生了现在的欧元。欧元是欧盟（从最初12个成员国发展到2007年25个成员国）统一使用的货币。

所以，当欧元开始作为一种统一货币成为国际结算货币，并且进入外汇交易市场以后，人们非常看好它的前景。觉得欧元降低了欧洲不同国家货币之间的交易成本，使得欧洲经济整体趋势有了向上突破的可能。没想到的是，自从欧元面市后，欧元兑美元的汇率从1：1.2的高峰跌到1：0.82的低谷。也就是说，原来需要1.2美元才可以兑换1欧元，后来只用0.8美元就够了。欧元相对美元大幅贬值了。在这个过程中，美国经济处于上升趋势，国际资金大量流入美国；欧洲经济走的是一个下降趋势，所以欧元兑美元才表现为一路下跌。这其中既有欧洲经济和美国经济之间的较量，也有国际政治上的较量。我们说，汇率是反映一国经济全方位因素的一个指标。

无论如何，欧元的诞生是世界上的一个创举，一个非常伟大的创举。一个地区的不同国家使用同一种货币，为欧洲经济的进一步发展提供了条件。在欧洲这块版图上，多数都是小国家。如果乘飞机，或者乘火车旅行的话，一天就可以走好几个国家。欧洲的国家都不太大，可是它们的经济发展却很快。但是在欧洲各国之间，由于频繁的贸易往来，各国之间的货币兑换所产生的交易成本严重制约了欧洲经济的发展。最后，欧洲国家创造出统一的欧元作为共同使用的货币，这是一件很不容易的事情，它需要这些国家之间在经济上、政治上、国防上高度协调一致，才能达到共同振兴欧洲经济的目的。如今，越来越多的国家加入欧盟，更多的国家在使用欧元。

欧元正式作为流通货币是从2002年1月1日开始的。欧元流通了这么长时间之后，媒体报道说，欧元运行得比较好。记者到法国巴黎街头去采访，那里的人们说："我们现在都接受欧元了，我们的交易都以欧元来定价了。"我们看到，一个强势的欧元在逐渐形成，欧元兑换美元已经从低谷时期的0.82

升到了2007年1.48左右的水平。也就是说，现在的1欧元比1美元值钱了。

我们再来看，欧元在面市后不断的贬值过程中，是不是有利于欧盟各国的商品出口？欧洲的经济在这个过程中逐渐积累了实力，而且欧元的使用减少了以前多国货币之间的兑换环节，节省了交易成本，这样欧洲经济的运转速度就可以加快了。当然，从另一方面来看，美国经济经过了十年的高增长后，发展势头开始变缓，多年的强势美元已经伤害到了美国的生产、贸易等一系列经济活动，这也为欧元的升值提供了一个相对有利的条件。

但是，由于受到2008年美国金融的影响，2010年欧洲的一些国家爆发了欧债危机，使欧元受到拖累，有些下跌和贬值，导致世人担心欧元未来的前途。以上谈的是企业做贸易、个人持有货币资产时要考虑汇率变化。现在欧元、美元和人民币汇率发生这么大的变化，对一个国家的外汇储备来说，也面临同样的问题。比如，以前中国会把外汇储备的很大一部分去买美国的国债，那么，现在我国政府会想，我们不要握有这么多的美元作为外汇储备了，我们可以兑换一部分欧元甚至日元作为外汇储备放着，或者买一些黄金作为外汇储备的一部分。对一个家庭来讲，不应该把所有鸡蛋都放在一个篮子里，对一个国家来讲同样如此，都要规避汇率变化带来的风险。

因此，当我们不看好美国经济的时候，想拿外汇储备去兑换一部分欧元的时候，别的国家政府同样会这么做，它们也会把自己外汇储备的一部分兑换成欧元。结果，当各国政府都去兑换欧元时，欧元的价值就会被推高，也会加剧美元的价值下跌。所以，汇率是货币的价格，它也是由供给和需求决定的。如果各国都去兑换欧元，国际金融市场对欧元的需求就会加大，欧元就会越来越值钱，它的汇率就会上升；反之，如果大家都不要它，它的汇率就会下降，就会变得越来越不值钱。

进入21世纪以来，为什么很多国家货币兑美元的汇率都出现了明显的升势，为什么各国汇率之间会出现这样的变化呢？透过这些表面现象，我们要分析一下它背后的原因。为什么人们不看好美元了呢？为什么美元会跌那么多呢？

我们说，影响一国汇率根本走向的是一国的综合实力和经济增长速度，这才是影响汇率趋势的根本因素。简单来说，一国经济实力、综合国力的增强，也会增加一国货币的信用，增强人们持有它的信心，不担心它会马上贬值，不担心它的政府会做出不负责任的举动，从而使得人们愿意持有该国货币作为资产来保值。同时，如果一个国家经济高速增长，或者处于增长周期中，人们就愿意持有该国货币而使自己的资产增值。因为一个国家经济高速增长，就意味着在经济中存在大量致富的机会，这会带动国内外对该国货币的需求，从而在汇率上反映为一国货币汇率的上升和货币的升值。

就中国的情况来看，国家外汇储备在2010年超过了2.8万亿美元，居各国外汇储备之首。中国经济的高速发展，吸引了全世界的资金来中国寻找机会，参与投资和贸易，使得对人民币的需求大幅度上升，这是经济规律使然。中国在2005年7月宣布调整汇率，从1994年以来美元兑人民币一直在8.27的水平调整到了8.11。截至2011年3月，人民币兑美元的汇率已经上升到了6.75∶1的水平。面对人民币的大幅升值我们该怎么办？个人、企业、政府都该考虑。这种汇率水平的上升趋势，既给中国经济的发展也给政府管理外汇储备提出了新的挑战。

从观察汇率升降原因的角度我们再看美元。美国经济在20世纪最后十年持续的高增长后逐渐失去了增长的动力，甚至为数不少的巨型跨国公司已经到了需要伪造财务报表、粉饰经营业绩来欺骗投资者的地步。2004年美国联邦政府财政赤字创下了4 130亿美元的历史最高纪录，到2006年，美国贸易赤字连续5年创下历史最高纪录，达7 636亿美元之多。这时候人们对美国经济的担心促成了人们在一定阶段内不再看好美国经济，并试图重新寻找其他合适的外汇途径来储备资产，于是美元出现了一个下跌的趋势。

同样的道理，在1997~1998年亚洲金融危机中，亚洲一些国家的整体经济出现了问题，结果被国际炒家抓住了机会，最终使他们国家的汇率一泻千里，本国货币出现了巨幅贬值。这就是一国经济状况最后在汇率上的反映。

站在老百姓的角度判断汇率的变化，其实有更简捷的方式，这就是专业术语讲的购买力平价。我们说一种货币值钱与否，最终看你拿它能够买到多少东西。比如，以2011年3月的汇率水平来看，在美国花1美元，买一篮商品；在中国花6.75元买一篮商品，然后把这两个篮子拎起来比较，看哪个篮子里面的东西多。这就是购买力平价理论。如果1美元买到的东西多，说明美元更值钱；如果6.75元人民币买到的东西多，说明人民币更值钱。

我们再进一步，按照购买力平价理论，两国货币的汇率主要是由两国货币的购买力决定的，两个购买力的比价就是汇率。也就是买同样的东西，看各自花多少钱，或者说花同样的钱，看各自能买到多少东西。如果一个国家的物价水平越来越高，或者说通货膨胀率越来越高，说明该国货币的购买力在下降，这种货币越来越不值钱，表现在汇率上就是贬值。所以，我们看到像阿根廷金融危机、俄罗斯金融危机等，如果一国出现了严重的通货膨胀，它的汇率就会一泻千里。

反过来说，当一国汇率形成后，它将如何影响人们的交易行为呢？假如美元兑欧元的汇率是1∶1，买同样一部奔驰轿车，在美国要6万美元，在欧洲只要5.6万欧元，这就会促使人们把美元换成欧元，到欧洲去买车，因为在欧洲买车便宜。这样一来，对欧元的需求就会上升，从而带动欧元升值，也就是说欧元变贵了。当资金不断往欧洲流动，欧元越来越贵，到一定程度，人们就不再换成欧元去买奔驰车了，因为换欧元贵了，不如在美国花美元买奔驰车了。这时候，汇率就会停在一个适宜的价位，人们不再会为了去买别人更便宜的商品而产生对别国货币的需求。这实际上就是购买力平价理论在现实汇率中产生的影响，只不过这样的影响还会受到信息不对称、交通成本以及关税成本等因素的限制。

用购买力平价比较，是1美元买的东西多，还是6.75元人民币买的东西多，大家的体会还不那么深刻。如果你到东南亚国家去旅游，走出去看你就会发现，当地人非常愿意收人民币，因为人民币有相对充足的购买力。这说明中国的经济在走一个上升的趋势，人民币越来越被国际市场接受，并作为交易的支付手段。

如果到了香港，就会更深刻地感受到这个问题。香港在1997年回归中国的时候，人民币和港币之间兑换的比率是116元人民币兑100港币，也就是1.16：1的汇率。但是，到2011年3月已经是0.87：1左右的水平了。这说明什么？是人民币在升值还是港币在升值呢？当然是人民币在升值。为什么人民币升值呢？每一次都要问自己一个为什么，只有想明白为什么，才会懂得判断汇率将来的变化趋势。因为现在内地的商业机会比香港更多、增长空间更大，港人愿意把港币换成人民币，经过罗湖海关，到深圳、到祖国内地来消费。他们很多人在深圳买房、购物、娱乐，即使算上来回的路费也合适。由此可见，是人们对货币的需求在影响着汇率的升跌变化。

一国货币在外汇市场上代表什么？它代表这个国家的经济实力，代表该国的经济是否繁荣，国力是否强盛。当人们越来越看好人民币时，说明中国经济的发展趋势是向上的。再看俄罗斯，许多年以前，1卢布可以兑换2美元。到1991年底，1美元能兑换100多卢布。俄罗斯经历了巨大的政治和经济的动荡，到现在它已经换了几次货币了。什么时候卢布能成为一种强势的货币，将取决于俄罗斯的经济发展和国力增强。

以上的分析，都是影响汇率长期走势的根本因素。但是汇率也会受到很多短期因素的影响。因为汇率每天都在波动，都在根据最新的经济信息作出适当的调整。比如一国利率变动是对汇率变动影响比较明显的因素。从理论上来说，当一个国家利率水平很高的时候，会吸引大量国际投机资本去追逐该国货币，从而获取相对较高的利息收入。比如，英国利率从4.5%增加到5%，而美元利率不变的话，那么一部分人会把美元兑换成英镑，去追求更高的资金利息收入。对英镑的需求增加，导致英镑的价格上升，以及美元汇率的下跌。这部分逐利资本加大了对一国货币的需求量，从而推高了一国货币的汇率。我们看到，当一国的中央银行采取降息措施的时候，有一部分资金就会放弃继续持有该国货币，从而导致该国货币需求下降，带动汇率下跌。

实际上，真正反映在外汇市场上汇率的变化，是投机资本通过一系列比较复杂的套利交易完成的。上面所说的只是推动这些资本流动的原理。影响汇率变动的还有一国的利率、通货膨胀率、失业率、国际收支等多方面的因素。

其实对老百姓而言，有时候看不到这么细。相反，当他们看到一些简单事实的时候，对汇率会作出直观的反应。比如美国可能要打仗了，美元汇价明显表现为下跌，但同样的因素却导致瑞士法郎大幅上涨。为什么呢？因为瑞士是一个中立国家，相对来说，是一个政治风险低的国家，尽管它的经济并不是那么强大，但在国际战事存在的时候，瑞士法郎作为避险货币能吸引大量国际资本，从而带动汇率大幅上扬。这就是我们要说的，政治和战争因素会对汇率波动产生影响，其轻重程度要看战争的时间长短、规模的大小而定。类似的情形，比如某些国家出现政局不稳定，也会导致本国货币汇率下跌。

有关汇率和汇率变动，对做贸易、作投资的人来说，是需要具备的起码的知识，比如到了战争将要发生的时候，自己持有的货币万一贬值怎么办呢？如果能做到提前把一部分货币兑换一下，对国家来说，把那些外汇储备也兑换一下，就能有效规避一定的汇率风险，甚至通过自己准确的判断，还能抓住赚钱的机会。如果你是做国际贸易的，你就可以在进出口原料的价格和时机上做文章；如果你是做金融的，你就可以在汇市上把握机会；如果你原来一直看好美元，手里握有一些美元，在看到美国和伊朗战争的危机后能及时把美元兑换成欧元，可能是一个机会，至少可以减少一些损失。

目前，由于战争原因，国际汇率的大幅波动为人们提供了很好的观察经济的机会。我们关注汇市、关注股市，还要关注宏观经济的指标和数据的变化，养成一个良好的习惯。这样便于你的企业发展，便于你的财富增加，使你不至于在国内宏观经济环境发生大的变化，甚至国际经济环境发生重大变化的时候，没有任何思想准备。如果学会从宏观视角来观察经济和汇率，你就会发现，要学会逆向思维、反向操作。

当一种东西太热的时候，你一定要悄然而退；当一种东西太冷、市场完全没有信心的时候，你要敢于进入。就像在欧元跌到0.82的时候没人敢做，等到欧元升到1.48以上的水平时，反而有许多人想买欧元。所以，要学会逆向思维，有些东西太热时，就可能已经到顶了；有些东西太冷时，也可能已到达谷底了。你要作出正确的判断，敢于行动。所以，先知先觉你可以赚到钱，后知后觉你就可能赔了钱。我们通过汇率这个窗口来看宏观经济，反映的问题之多、之大、之全，真的可以算得上是宏观中的宏观。

第二十一章　宏观经济政策如何出台

在现实生活中，我们每天都会看到各种各样的经济新闻，也会经常听到政府出台了一些政策。但是，有谁知道这些经济信息意味着什么？这些政策会给我们的经济和生活带来什么样的影响？

政府对经济进行宏观调控的主要思路，是要让这个国家的总供给和总需求达到平衡。因此，我们看到，政府不是在增加供给，就是在刺激需求。政府调控经济有三大政策工具：一是财政政策，二是货币政策，三是对外经济政策。当经济太冷时，政府“踩油门”，刺激消费、加大投资、增加出口，让经济回升；当经济太热时，政府“踩刹车”，限制消费、减少投资，把过热的经济压下来。

当你了解了政府调控经济的方式，学会了判断经济周期波动的趋势，分析了政府出台的政策，再面对大量经济信息时，你的思路就会清晰了许多；再面对自己的消费、投资和理财决策时，你的选择也会合理得多。

我们常听说政府对宏观经济进行调控。你一定想知道，政府究竟是怎么对宏观经济进行调控的，政府出台政策的意图是什么。前面我们说过，政府拉动经济增长有三招儿：一是消费，二是投资，三是出口。我们还知道，一国经济要想平衡发展，它的总供给一定要等于总需求。如果不相等，政府不是动左手，就是动右手。政府这两只手究竟是怎么活动的呢？这是本章要告诉大家的内容。

政府调控宏观经济有三大政策：一是财政政策，二是货币政策，三是对外经济政策。

财政政策，主要表现为财政的收入与支出。财政的收入主要来自税收，政府通过税收的多少来调控经济；财政的支出分成两大块：一块用于经常性支出，一块用于建设性支出，财政支出的多少也是政府调控经济的手段。

货币政策，主要表现为中央银行的作用。这个政策十分重要，你会看到它在我们经济生活中的作用越来越大，也越来越重要。中央银行就是通过提高或降低利率来调控经济的冷与热的。

对外经济政策，主要表现为汇率和关税的作用。自从我国1978年改革开放以来，引进外资的数量逐年提高，吸引了大量外商到中国来投资办厂，出口的快速增长对中国经济的高速发展起到了非常重要的作用，如今中国已经成为世界的制造业中心。外商直接投资到中国，说明它们看好中国未来的经济发展前景。

知道了这三个宏观政策后，我们还想知道政府是怎样调控宏观经济的、它的手段都是怎样使用的。

宏观经济既像一架飞在空中的飞机，又像一辆在高速公路上跑着的汽车。如果在路上开车时速太高，100公里、150公里甚至达到200公里，会发生什么？再好的汽车，速度太快了会发生什么？这时如果急刹车会发生什么？一种情况是翻车；还有一种可能是车停住了，但车里的人摔了出去。我们把这辆车比做一国的宏观经济。当经济发展太快的时候，就像在高速公路上全速飞驰的汽车那样一直向前跑，突然一个急刹车，就会车毁人亡，我们的经济也会出问题。

但是，如果天寒地冻，想开车时发动机打不着火，那怎么办？司机就会一遍遍地踩油门，给发动机加温，以便把车发动起来。但也会由于气温太低，车就是启动不起来。

所谓车速太快了，是指宏观经济太热了；所谓车发动不起来了，是指宏观经济太冷了。我们打个比方，政府对宏观经济的调控就像开车一样，当经济太热时，它一定要先收油门，后踩刹车；当经济太冷时，它一定要踩油门。下面让我们通过实例来看政府是怎样“踩刹车”和“踩油门”的。

经济过热时政府是如何“踩刹车”的？

经济太热时，表现为总需求大于总供给，价格上升，商品供不应求，导致通货膨胀率不断攀升，利率也在不断提高。这表明一国经济出现了过热的现象。

1993年，我国的经济增长速度很快，但是通货膨胀率也很高，经济缺少实质性的增长，只有价格在增长，人们收入水平的增长已经被通货膨胀抵消了。那时，经济奔跑的速度越来越快，我国政府已经意识到这样下去会出问题。如果不降温，经济就会出现“硬着陆”，就好像飞机放不下起落架，发动机转速降不下来，而不得不用机身直接迫降，说不定会机毁人亡。当时，我国政府在宏观上采取各种政策，让经济降温，到1996年底这架飞机平安着陆了。

我想问的是，政府为什么要让经济增长速度降下来？让飞机在天上一直飞着不好吗？对这个问题我们举一个例子加以说明。

例如，2008年北京举办奥运会，我们是否可以比照发达国家的生活水平，让北京市民每家都买辆小轿车？让那些外国人也来看看，咱北京人家家都有车，这样行吗？告诉你，现在不行，将来也办不到。

请问，就北京市民目前的收入水平看，他们有钱买车吗？也许有人说：“没关系，全国人民支援一下首都嘛！”这么做可以，但有这么多车吗？“没关系，咱可以自己造！”再问，有这么多钢材吗？“没有可以进口！”请问有这么多的外汇吗？就算有，这新增的几百万辆车需要多少汽油？有这么多的汽油吗？“没有可以进口！”如果北京市民每家都有了车，那北京有这么多的路吗？“没关系，北京可以修路，修了三环修四环，修了四环修五环，修了五环修六环，可以七环八环一直修下去！”请问，政府有这么多的钱吗？除了造车修路，它还干不干别的事情了？

这个例子是说，任何一个国家处在它的某个发展阶段时，它只能干这个阶段应该干的事情。中国不可能和美国今天的生活相比，可美国在一个世纪前的生活水平还不如我们现在。由于经济没有发展到一定阶段，所以一个国家没有这么多的资源，它有一个生产可能性边界。当一国经济的发展超过了这个边界的时候，经济就不可能继续向前发展了，这时必须“踩刹车”了。如果不踩刹车，供给不足，需求太旺，就会产生通货膨胀。没有这么多东西，大家都去抢，只能导致价格狂涨、通货膨胀来临。因为国家没有这么多的石油，没有这么多的钢铁，没有这么多的道路，没有这么多的资金，更没有这么多的外汇。一个国家在某个发展阶段只能做这一阶段能做的事，也许再过若干年之后这件事会变得非常简单。随着我国经济的发展，增长速度的提高，国民财富的增多，人均收入水平的提高，最终是能够达到目标的。但是，现在速度太快了可不行，过热的经济需要减速。

那么，政府怎样刹车呢？在财政政策上，政府减少支出，增加税收；在货币政策上，提高利率，减少货币供给量，让过热的经济慢慢冷却下来。

我国在1992年的时候，经济热得不得了，那时出现了开发区热、集资热、房地产热、股票热等。例如，当时在全国2 000多个县一下子冒出5 000多个开发区。房地产热的时候，在广西的北海市，陆地上的土地被炒光了，有人就造一个岛出来在海上接着炒。他们甚至头脑发热地说：“未来全世界前十大城市中一定会有北海。”当时，海南的房地产炒得更是热浪翻滚。有人统计了一下，就是再造一个海口市、再造一个三亚市的人口，也买不完这么多的楼盘。

经济已经热到了烫手的地步，可是大家没经验，还以为经济本来就该这样，本来就是那么好。到1993年的时候，我国政府发现问题已经太多了，经济快控制不住了，通货膨胀率达21.7%，银行不良贷款的问题，房地产泡沫的问题，股市泡沫的问题，金融风险的问题，所有的问题都冒了出来。

从1993年开始，我国政府开始对经济进行宏观调控，不断地“踩刹车”，一次次提高利率，把货币供给的龙头一点点拧紧，从流通领域中把钱抽走；让大家都别花钱，政府也别花钱。它增加个人税收，减少人们的消费；增加企业税收，减少企业的利润。那时，政府三令五申限制集团购买力，严管公款消费，停建楼堂馆所。政府采取了一系列严厉措施压缩总需求，使过热的经济冷却了下来。

前后三年，政府一遍遍地“踩刹车”，当然不是急刹车，才使得疯长的经济落回地面。

经济过冷时政府又是怎样“踩油门”的？

大家知道，到1996年底我国经济成功实现“软着陆”。经济增长速度真的是平稳降下来了，通货膨胀率从21.7%下降到6.1%，经济增长率达到了9.7%。但是没想到1997年东南亚发生了金融危机，1998年我国又赶上了百年不遇的洪水，使我国经济形势急转直下，经济又出现了过冷的现象，陷入低谷。

我们说，当一国经济表现为总供给大于总需求时，价格下降，商品供过于求，通货紧缩，利率下降，失业率上升，经济增长速度放缓，就意味着经济过冷了。

1998年以后我国经济就出现了这种状况，这辆车发动不起来了，物价向下，利率向下，失业增多，所有指标都向下。这说明经济太冷了，这时候总供给远远大于总需求，什么东西都过剩，就是卖不动，只能谁卖得便宜谁才能卖出去。这时政府怎么做呢？

面对这种萧条的局面，政府怎么办呢？如果让经济继续冷下去，就会使我国经济陷入衰退之中，那样麻烦就更大了。这时政府的宏观政策是“踩油门”。在财政政策上，政府减税或增加政府支出；在货币政策上，政府降低利率，增加货币供给量，把过冷的经济从谷底拉上来。

例如，从1998年起，我国政府开始采取各种措施，拉动经济增长。政府一遍遍“踩油门”，想办法往经济领域投钱。在货币政策上，一次次降低利率，使我国利率由原来的10%以上降到1%左右，鼓励人们消费，鼓励投资。大家不是存钱不花吗？政府就想办法让大家花钱。政府发行国债，借老百姓的钱花，政府去投资，力图把经济拉起来。

我国政府通过发行国债来增加政府的债务收入，然后用发国债得来的资金去投资，主要是用于基建项目和一些重大企业的技术改造，从而起到拉动经济的作用。政府采取的这种政策叫做积极的财政政策，通过加大政府支出，投资基础设施建设，从而带动相关行业的投资和消费需求。比如水泥、钢铁、机械、建筑、运输等行业都发展起来了。不仅这些基础性行业本身能解决大量就业问题，带动相关行业的就业也相应增加了。

1998~2003年，我国政府发行了6 000多亿元国债，投入很多基础设施的建设，修了路，架了桥，投资了西部十大工程项目等，这些都是政府为经济的发展“踩油门”。

当我们阐述这些政策的时候，常常会涉及“乘数效应”这个概念。说的是政府投资下去，并不是它投了1 000亿元就只发展成1 000亿元的经济规模，它还会带动相关的投资和配套资金，这就会产生多倍放大的效应。比如说路修好了，路边就会有人投资加油站，建饭馆、旅店等。房地产商看好这里的交通，他们就会投资修建商品房。同样，当这些投资下去，消费就会跟上来。每一个环节都会涉及经营行为，都会创造出价值、增加GDP、增加税收。修好道路后收取的过路费让政府的财政收入增加了，它才有能力归还借的国债。我们可以看到政府实施一项经济政策的过程，还有它的目的、它的手段和它的结果。

政府一方面发国债，加大投资，同时政府还有很多事情要做。比如教育问题、公务员工资问题，这些都是经常性的开支，政府不能用国债去支出，因为这些经常性支出将来是没办法还的。所以我们看到，政府的税收随着GDP总量的增加，一直在增加，它想办法刺激消费，给国家公务员连续四次涨工资，说明政府在增加开支，实行扩张性的财政政策。它在想办法刺激消费，拉动经济。政府还大力推行“假日经济”，让国民在度假时增加消费。

上面说的是政府在财政政策上是如何“踩油门”的。那么在货币政策上政府又是如何“踩油门”的呢?

当经济太冷的时候，中央银行打开货币龙头放水。当利率从高位降到很低的程度时，这是告诉大家，现在利率已经很低了，可以借钱投资，可以借钱买房，可以借钱送孩子上大学等。当人们都觉得借钱合适，都去这样做的时候，这些钱就会重新流入经济领域。当人们愿意投资、愿意消费、愿意生产，觉得有钱可赚的时候，经济就会从谷底回升，就会由冷变暖了。

为了达到这个目的，中国人民银行从1998年开始连续降低储蓄存款利率，从10%的高位降到了1%左右，希望把过冷的经济拉起来。到了2002年底，中国经济终于从谷底反弹了。人们愿意投资，因为有钱可赚；人们愿意消费，因为收入增加；人们愿意出口，因为赚外国人的钱相对容易。从2003年开始，我国迎来了经济的高速增长。到2006年，中国吸引外国直接投资达700亿美元，当年外汇储备超过1万亿美元，GDP超过20万亿元人民币，居民储蓄超过18万亿元人民币。股市指数以上海为例，用了两年多时间从998点上升到了2007年6 000点的水平，全国大部分城市地区房屋价格飞涨，政府又开始对经济“踩刹车”。中国人民银行宣布从2007年11月26日起上调存款准备金率0.5个百分点，而且这已经是央行自2006年以来第12次调高法定存款准备金率了。从2007年初到2011年初，中央银行连续提高存款准备金率，由7.5%提高到19%，这是控制经济过热而踩的刹车。

美国和日本政府也经历了从刺激经济回升“踩油门”到控制经济“踩刹车”的过程。

世界各国政府在拉动经济增长时，都在“踩油门”。美国在拉动经济增长，日本也在拉动，因为它们的经济都出现了问题。

美国自从2001年发生“9 · 11”恐怖袭击事件以后，经济开始走下坡路。美联储前后连续降息13次，利率从6.5%降到1%，创40年新低，其目的就是想把经济从衰退中拉起来。

当美国经济不景气时，美国政府在做什么呢？它为了刺激经济回升，采取扩张性的财政政策。一方面美国政府拟订了一个庞大的减税计划，计划每个人一年减税1 000多美元。一旦减税计划实行，美国的国民和企业手上的钱就相对多一点，消费就多一点，加上刺激地方消费等措施，政府希望这样可以使经济复苏。所以，我们看到美国政府面对过冷的经济所采取的政策也是不停地“踩油门”。

日本经济同样如此。它的银行利率已经接近于零，可日本经济就是动起不来。自从1989年股市泡沫破裂之后，日本经济一直在低谷徘徊。日本政要们一直商量怎么才能让日本经济从谷底爬出来。日本政府把“油门”踩了15次，内阁也换了好几届，但经济就是不见起色。

日本经济泡沫破裂，使得很多人和很多企业找银行借的钱还不上了，银行坏账堆积如山。日本政府怎么办？它动用了财政政策的各种手段，又动用货币政策的手段，一个劲地降低利率，直至利率近乎为零，经济依然起不来。

日本中央银行采取宽松的货币政策，下调利率到如此低的程度，就是希望银行把钱贷出去，增加投资。但不管利率降到多低，企业就是不肯借钱；不管利息收入降到多低，储户照样存钱。这时，日本的利率杠杆已经失灵，再动利率也没有什么用处了，日本国民都不再看央行的利率指标来行事了。经济如此低迷，当然没有人愿意投资，也没有人愿意增加消费。

当利率杠杆失灵的时候，即使是发达的市场经济国家，也只能动用财政政策来调整经济，扩大政府的支出，希望以此能够刺激经济的回升。但是，政府也不能无限制地发国债，这会引发债务危机。所以，现在日本政府希望加大出口，在对外经济贸易上下工夫。日本政府最想让日元贬值，希望借此来刺激出口。日本政府近年来力图拉动经济回升所作出的种种努力已开始有回报，日本经济正在慢慢复苏。

那么政府可以改变经济的周期性波动吗？

大家知道，一国经济是有周期性波动的，经济也不是由人的主观意志决定的。美国云集这么多得过诺贝尔经济学奖的专家学者，联邦政府有如此多的高参智囊，美国依然不能改变经济发展周期的规律，它的经济也有掉头向下的时候。例如，2008年的金融海啸，至今还没有从经济衰退中走出来。

所谓的经济周期是说，经济有一个波峰，也有一个波谷。什么叫波峰和波谷呢？就是经济有高速发展的阶段，也有陷入衰退的阶段，从经济波峰到波谷再到波峰的过程就叫做一个经济周期。

美国经济在20世纪90年代克林顿执政时期，走过一个很长的增长周期，经历了8年的高速增长。当时的失业率低，通货膨胀率低，经济增长率高。但是，进入21世纪后，这一棒传到了小布什政府手里，美国经济出现了很多问题。“9 · 11”恐怖袭击事件的发生，大公司会计造假丑闻的曝光，导致人们对所有大公司都不相信了，在美国出现了公司信用的危机。美国经济出现衰退，经济从高峰跌入低谷。当美国新总统奥巴马上台后，美国经济依然没有起色。

这些难道是偶然因素所致？绝不是的！

美国经济在高速增长的过程中，掩盖了很多泡沫的成分。美国为了维持对全球资本的吸引力，不少全球著名的公司公然违背诚信，造假账欺骗投资者，使自己公司的股价一直向上升，吹出大量的泡沫。当人们不再信任大公司的经营业绩，不再相信股市的时候，就必然表现为股市下挫、美元贬值、汇率下跌、企业不景气，整体经济出现了下降的趋势。

经济学一个最基本的原理是“世上没有免费的午餐”。美国经历了8年的经济高速增长，在这个过程中掩盖了相当一部分泡沫，它也过度透支了整个经济。就像我们说股市一样，股市有了泡沫也必然是过度透支的表现。本来企业的效益没那么好，却把股票价格炒得热浪翻滚，必定有泡沫裹在里边。股市的泡沫终会被刺破。当泡沫破裂的时候，谁来承受这个损失？也就是说，谁为它埋单呢？当然是美国股市的投资者来埋单。美国的经济也如此，如果经济高速发展过程中埋下了很多泡沫，一有风吹草动，经济就会减速，企业的日子就难过，失业就要增加，人民生活水平就会下降，经济就会陷入衰退之中。那么，谁来承受经济下降带来的损失？谁来为美国经济埋单呢？

到2005年，美国经济走出谷底，开始加速，出现向上的趋势。经济回升，股市回升，消费者信心指数也在回升，这时美国政府又担心经济过热产生通货膨胀，开始“踩刹车”，将高利率从1%提高到5.25%，通过17次加息来抑制过热的经济。但到了2008年美国爆发金融海啸后，美国中央银行又通过数次减息，到了0.25%的地步，目的是想把美国经济从谷底中拉出来。

日本在20世纪80年代也过度透支了经济，形成股市和楼市的大泡沫，现在二十年过去了，日本经济还没有恢复起来。有人说像日本这么发达的国家，有这么多经济高手，政府怎么就不能把经济拉起来？其实，当一个国家的经济被过度透支以后，人们对经济的信心便会一直下降。政府先是用货币政策，用得差不多时，再用财政政策，用得差不多了，就在对外经济贸易政策上下工夫，在汇率上动脑筋。当这些招数都用得差不多了，就像今天的日本一样，会面临一个艰难的选择。政府要选择采取通货膨胀的方式来治理经济，就是人为地让日元贬值，让日本人手中的货币越来越不值钱，以强制人们花钱。走到这一步，政府很无奈，经济也很危险了。通过政府可能采取的这些措施，我们可以看出政府处理经济问题时使的都是什么招数。

欧洲经济也是如此，在20世纪60~70年代，经历了经济高速发展时期，后来80年代末到90年代初德国统一之后，欧洲经济开始进入停滞期。所以说，经济是有周期的，这并不是政府没有对宏观经济进行调控所致。这些国家的政府从来没有停止过对经济的调控，它们一直在使用财政政策和货币政策的手段，希望经济能够从低谷中走出来，希望能够拉动经济增长。但是，政府不是万能的，政府的所有政策也不是都能奏效的。面对经济周期，政府有时也会变得很无助。

政府在调控宏观经济的时候，政府在“踩油门”、“踩刹车”的时候，一定要符合经济发展的规律，一定要恰当地运用政策工具，还要正确判断经济发展的大势。要顺势而为，不能逆势而动。否则，政府的干预将适得其反。这也是我国政府在对宏观经济进行调控时需要借鉴的。要学会怎样“踩刹车”和“踩油门”。

第二十二章　我国经济中的难点问题

我国宏观经济的难题之一是农民问题。我国现有的大多数农产品价格已经接近或高于国际市场价格，如何提高农民的收入，路在何方？

难题之二是失业问题。我国现在的失业问题表现为劳动力总量的过剩。中国劳动力有7.4亿，每年新增劳动力1 000万，下岗和失业人口大约1 400万，进城打工的农民大约1.2亿~1.6亿。怎么解决？

难题之三是建立社会保障体系的问题。如此巨大的资金需求，钱从哪里来？

难题之四是金融体系的风险问题。过高的股价、楼价、物价不能调控下来，金融风险就会接踵而来。

难题之五是人民币升值问题和国内物价同步上涨问题。如果人民币升值过快，引来国际热钱冲击中国，这将会给中国经济发展带来隐患。

难题之六是环境保护问题。经济要增长，但如果以破坏环境为代价，就等于今天的经济增长赚到的钱不够明天治理环境污染所付出的钱。这些都是我国政府急需解决的问题。

我国宏观经济中存在的问题非常多，你知道最难解决的问题是什么、政府最关心的问题是什么、企业最担心的问题是什么、老百姓最关心的问题又是什么吗?

宏观经济的难点问题之一是农民问题。我国两届总理都强调了这个最难的问题。上届总理朱镕基在2002年接见记者的时候，人家问他："总理，你最头疼的事情是什么？"他说："我最头疼的是农民问题，是增加农民收入的问题。"2003年，新任总理温家宝在第一次记者招待会上提到的中国的第一大经济难题，还是农业问题。他明确指出："农业发展滞后，农民收入增长缓慢，已经成为制约扩大内需的一个重要因素。"

农民问题确实是我国宏观经济中一个难以解决的问题。政府想不想增加农民收入？太想了！如果9亿农民都增加了收入，哪怕每人每年只增加1 000元，可就是9 000亿元人民币，这是多么大的消费市场?

政府太想让9亿农民都富起来了，我们城里人也希望农民兄弟增收。那为什么叫难题呢？农民种了粮食，卖出去后他们才能有收入。可是，只要稍微了解一点农村的人都会知道，我国农民规模经济很小，土地很少，而每家在这一亩三分地上吃饭的人又很多。他们投入这么多的劳动不说，买种子化肥就已经花了不少钱，把粮食种出来后拿到市场上去卖时，却卖不出好价钱。忙活了一年才发现，除了勉强糊口，没赚到什么钱。有人说，可以让政府给个优惠政策，提高农产品的价格，这样做可以吗？

要知道，农产品价格是经济领域的基础环节。如果农产品价格升上来，人们生产费用的支出就会增加，很多企业成本会跟着上升，这样会导致工业品售价的提高。农业生产离不开的化肥、农用塑料薄膜、农机具等都会跟着涨价，农民负担照样减不下来。

2010年，我国出现了猪肉、饲料、粮食普遍涨价，导致整个物价指数上涨。即使农民卖粮卖猪多赚的钱，也会由于物价水平的普遍上升而损失，依然不能解决问题。为什么会出现物价上涨？只因为谷贱伤农。农民少种地、不养猪，也导致这样的结果出现。

更重要的是，我国加入世界贸易组织后，必须遵守相应的规则，不能随意给农产品提供特别的优惠和补贴。实际上，我国的农产品价格原则上也不能再提高了，因为我国现有的大多数农产品价格已经接近或高于国际市场水平了。如果我国农产品售价高的话，那么外国的农产品就可以出口到中国来，直接冲击我国农产品市场。例如，我国东北有个企业，原材料所需的大豆不买本地产的，而是从美国进口。为什么？因为美国大豆价格便宜，质量还好。这是市场的选择，是市场的力量决定的，我们能说那个企业什么呢？

所以，现在怎么去提高农产品的价格来增加农民收入呢？用什么办法来保护农民的利益呢？这真是一个难题。我国农产品的价格如此之高，而农民的感觉却是他们生产出来的粮食卖不上好价钱，甚至还赔钱？这是因为我国农业劳动生产率低。和美国相比，他们的农业劳动生产率远远高于我国。他们每个农场主耕作上千公顷的土地，而且全是机械化操作，生产出来的农产品成本非常低；我国农民人均只有一亩三分地，而且不是机械化耕种，人们投入的劳动很多，表现为农产品生产的成本很高，当然农产品的价格会更高。美国只有3%的农业人口，养活全国人民还有余，它的农产品还向世界各国倾销。我国有70%的人口在农村，人多地少，所以农产品价格降不下来。那怎么办？如果让农产品价格保持不变，政府可以给农民一些补贴吗？如果政府补贴，当然应该由财政出资。那么，我国政府目前能否再给农业补贴呢？

中国政府目前正在这样做，从2006年开始，给9亿农民免了300亿元的农业税，也就是种地不再缴税了，一个沿袭了2 600年的制度，被这届政府免掉了，这是一个历史性的伟大举措。这意味着政府对农业的高度重视，对农民的关切，对中国经济增长基础环节的重视。

现在世界上很多国家的政府都在补贴农业。因为农民的知识文化水平，包括地域交通等方面的局限，农业在整个产业竞争中一般来讲处于相对的弱势地位，但粮食作为一个国家基本的生活资料又是非常重要的。如果粮食价格向上涨，那么所有与此相关的产品价格都会上涨。现代农业技术的进步使得全球范围内粮食供给过剩，粮食价格在往下降。在这种情况下，各国政府都在想尽一切办法给农业补贴。你看日本这么富裕，历届自民党政府也都在拼命保护农业，给农民高额补贴，让他们能保持一定的生活水平。

2007年，为了在中国市场打开日本产“天价”大米的销路，日本政府不仅出动外务省官员协调安排，甚至还被某些人拔到了发展中日关系的高度。

这里要特别强调的是：保护耕地是一个非常重要的发展战略问题，如果减少了耕地，我国经济的基础就被削弱了，物价就会失控，中国经济增长的大好形势就有可能被断送，因为耕地是不可再生的稀缺资源。

但我们还应看到，对中国来说，农业现代化程度会越来越高，农业科技含量也会越来越高。这样产生的直接后果是，农村的土地上越来越不需要这么多的劳动力了，很多富余的劳动力逐渐从土地上解放了出来，他们要进城打工，不再靠天吃饭，要去寻找新的饭碗。

宏观经济的难点问题之二，是失业问题。我国劳动力过剩的问题非常严重，不仅从农村进城务工的人越来越多，由于城市经济结构的调整，国有企业在改革过程中又有大批工人下岗，大学生毕业找不到工作，失业人口不断增多，这就使得我国的失业问题表现为劳动力的总量过剩。我国劳动力的供给太多，而对于劳动力的需求却没有这么多，因此政府要创造更多的就业机会。要创造就业机会，就得有人投资，有人来建企业，要有新的投资、新的企业、新的行业来吸纳这些失业人口。做到这一点很难，因为我国目前还是一个发展中国家，我们还没有那么多的资金，没有那么强的经济实力，还不能吸收那么多过剩的劳动力与失业人口，这是我们必须长期面对的一个问题。世界上绝大多数国家都经历过这样一个过程，那就是从农业化到工业化的过程，再从工业化到现代化（信息化等）的过程；也是劳动力人口逐渐从第一产业向第二产业转移，再从第二产业向第三产业转移的过程。

大量的过剩人口和失业问题严峻地摆在政府面前，统计数据表明，中国的劳动力有7.4亿，每年新增劳动力1 000万人，下岗和失业人口大约1 400万人，进城务工农民大约1.2亿~1.6亿。如果政府机构进一步改革的话，还将有一些公务员也会加入到失业队伍中来。这个问题怎样解决？失业问题将是中国政府长期面临的难题。现在每年都有大学毕业生找不到工作，还有进城务工的农民工找不到工作，找工作难已经成为普遍的社会现象。失业问题如果不能妥善解决，必将影响全社会的稳定与和谐发展。

宏观经济的难点问题之三，是建立社会保障体系的问题。大量失业人员，在没有找到新的工作之前，他们到哪里去领生活费？那些退休的人员到哪里去领养老金？

一国政府要承担社会保障责任，就是为那些暂时找不到工作的人、没有工作能力的人，或者由于种种原因无法生存的人提供最基本的生活保障，让他们能够像我们一样活下去。社会保障体系的建立对中国来讲太需要了，这是政府应尽的职责。没有这样一个保障体系，很多人就无法生存。但要建立这样一个保障体系由谁出钱呢？当然由政府出。可政府现在没有这么多的钱，财政有困难，政府不断通过发国债的方式解决赤字问题。财政为什么出现赤字呢？因为政府要做的事情太多了，它要解决农民问题，解决失业问题，解决环境污染问题等。这些问题都需要拿钱解决，而且政府还要养活自己的4 000多万公务员，要给他们发工资，这是一笔很大的经常性支出。这样，政府哪里还有钱建立社会保障体系呢？

中国政府必须编织一张社会保障网，以保证不漏下一个公民，这是一个文明国家最起码的标准。成熟的市场经济国家，政府都承担了这个责任，早已建立了社会保障体系。每个人无论怎样，只要你生活在这个国家，政府就有责任为你提供基本生活保障，这是我国政府面临的难题，也是必须认真去做的工作。这些都是“十二五”规划要解决的问题。

宏观经济的难点问题之四，是金融风险问题。自从1997年亚洲金融危机发生后，特别是2008年美国爆发金融海啸后，我国政府一直在努力控制金融风险，对银行体系加强监管。

我国在1993年经济过热时期，房地产企业找银行贷了大量的款，后来因为房地产泡沫破裂，导致银行出现大量的呆坏账。为了防范金融风险，我国成立了四大银行的资产管理公司。并从四大商业银行剥离出1.39万亿元不良资产进入四大银行资产管理公司，让它们来运作，盘活这些不良资产。不管怎样，这些呆坏账毕竟在银行里留下了一个大洞。

银行的钱是谁的钱？当然是储户的钱。我们说过，信心是经济的基石，货币更是如此。大家相信国家、相信政府，我们才去存钱。如果银行的呆坏账不断增加的话，储户对银行的信心就会降低。一有风吹草动，储户首先想到就是自己的资金安全问题。

我国政府作了一个非常英明的决定，让四大国有商业银行上市融资，使它们变成股份制的上市公司，这就已经稀释了部分金融风险。但是，要警惕新的金融风险出现。开始于2003年的新一轮的经济增长，表现为楼市热、股市热，买楼的和卖楼的都找银行借了钱，如果股市和楼市都溢出泡沫的话，对中国金融是否构成新的威胁呢？这是宏观经济面临的难题。

宏观经济的难点问题之五，是人民币对外升值和国内物价同步上涨的问题。随着中国经济的日新月异，人民币的购买力越来越强，出口大幅增长，带来我国外汇储备的增加，已从1997年的1 300多亿美元增长到2010年2.8万亿美元的水平，还在不断上升。这其中有贸易项下增加的外汇储备，当然也有国外的热钱流进中国，等待人民币升值，在这里套利和套汇。这些热钱进入中国后，疯狂购买人民币资产，投进楼市楼价涨，投进股市股价涨，投进实业原材料涨，造成国内物价水平不断上升，通货膨胀压力逐渐加大。真等到人民币升值完成，这些投机热钱突然一撤，中国经济那时将如何呢？

以美国为首的西方国家不断给中国政府施压，呼吁加快人民币升值的速度，但是我国政府绝不能轻易让人民币快速升值，因为这不利于我国的出口。人民币升值到一定程度，会导致中国经济竞争力的下降。但是面对国外的政治压力和国际热钱的密集攻击，中国政府和企业做好准备了吗？我们的国人又将如何面对呢？

宏观经济的难点问题之六，是环境保护问题。过去，为了尽快发展经济，我国采取的是先发展经济、后治理环境的方针。结果水源污染了，河流污染了，空气污染了，环境破坏了。人们算过一笔账，治理环境污染所花费的钱要远远大于经济增长产生的收益。将来人们就会知道，经济发展绝不能以破坏环境为代价。如果以破坏环境作为经济增长的代价，就等于吃了子孙饭，还给子孙造孽。对一个国家、一个民族来说，经济增长不是短期行为，不能为解决一时之需就不择手段，甘当千古罪人。还要尽可能考虑到国家整体和社会的长远利益，绝不可以忽视环境保护问题。因此，在“十二五”规划中，要求经济增长放缓一点，不能再以两位数的速度发展，要调整好产业结构，保护好环境，让我国的国民经济得到可持续发展。

所以，农业问题、失业问题、社会保障问题、金融风险问题、人民币升值问题，还有环境保护问题，这些都是我国政府面临的最主要的难题，也是改革走到今天遇到的问题。我国经济中的问题很多，有民生问题、企业问题，有财政问题，有银行问题。如果所有的问题都不能解决，最后就会出现金融危机。中国的问题是前进中出现的问题，但是我们对这些问题切不可掉以轻心。当有些人失业的时候，当有些人找不到工作的时候，当有些农民的收入不够糊口的时候，当物价控制不住的时候，这些可都是“牵一发而动全身”的宏观问题。我们说，所有的宏观问题之间都是紧密相关的，如果你觉得无所谓，是因为你还不理解这中间的紧密关系。

宏观问题是彼此相连的，我国政府如果能够保证农民的利益，让他们能够卖出粮食，增加收入，那么想想看，这9亿农民带来的消费市场有多大？国际上那些大跨国公司都看准了中国的市场，是因为中国的劳动力便宜，它们看到了这里有钱可赚，因此我们有竞争优势。

例如，企业的效益搞好了，政府的税收就多了；财政收入多了，就能解决失业的问题，就能解决社会保障的问题，就能使国有银行的负担减轻。又如，利率、汇率、经济增长率、失业率、税率这些指标相互之间都有联系。如果说国有企业有些问题，我国的民营企业长大了；如果说国内筹措资金有困难，外国的资金进入了。中国的问题是前进中的问题，是改革中的问题。只要政府的宏观调控能够把握得好，制定好政策，制定好规则，让所有的企业公平地站在一起，发挥出每一个企业的能力，中国的未来就大有希望。

解决中国经济中存在的这些问题，既需要政府的作用，全面推进各方面的改革又需要全国人民的共同努力。

第二十三章　懂宏观，多机遇，少风险

宏观经济就像天气一样，它不以每个人的意志为转移，你只能学会分析、判断和适应它。

学习宏观经济，我们要了解经济增长率、通货膨胀率、失业率、税率、利率、汇率，了解实业经济，了解资本市场等一系列问题。要懂得经济是有周期波动的，一国经济是有生产可能性边界的，什么东西热过了都会回头。大家都去追求一种东西时，价格肯定向上涨。

但是，所有的东西热到一定程度时，你就要警惕了，该问自己是否接到了最后一棒。如果有迹象表明经济要从高峰跌下时，你是否应该有所行动了？无论是做股市、做楼市还是搞实业的人，都该使自己的资产规避风险。

所以，学宏观经济知识，最重要是训练一种能力，当看到一个指标、一组数据发生变化的时候，你能够想到数据背后的联系，它反映了什么？它告诉你什么？它启示你什么？如果你能懂点宏观知识，就可以抓住机遇，规避风险。

我们说宏观经济是客观存在的。就像有些人会问："现在美国经济和日本经济都有这么多的问题存在，为什么就没有人给它们出高招儿呢？大家知道，宏观经济是客观存在的，它不以每个人的意志为转移。宏观经济背后是有规律的，我们要学会分析、判断和适应它。

例如，美国联邦储备委员会前任主席格林斯潘，作为美国中央银行行长，他能决定利率的升与降，通过利率变化来改善经济的状况，但是他不能左右美国经济的走势，新任美联储主席的伯南克同样如此。日本的利率十几年都趋近于零了，日本经济照样起不来。

所以我们看到，不管是美国、日本，还是各国政府，它们都无法左右一国宏观经济的走势。如果说我国政府可以左右经济走势的话，那股市为什么前几年一直低迷，这两年又如此火暴及如此暴跌呢？政府几年来调控楼市，出台了各种招数，可楼市价格为什么调控不下来？为什么农业问题、失业问题、社保问题、人民币升值以及外汇储备增加问题还摆在政府的面前？是我国政府不能干吗？还是我国政府没有雄心壮志？都不是。这只能说明宏观经济是客观存在的，它不以个人的意志为转移，无论你是什么人，只能顺应大势，但不能左右大势。如果逆势而动，必定以失败告终。

宏观经济就像天气一样，你能决定它的冷热吗？当天气冷的时候，你只能多穿件衣服；当下雨的时候，你只能带上雨伞。比如物价指数很高时你就在想：为什么我们企业要买的原材料天天涨价，能不能价格低一点呢？对不起，物价指数就这么高了，因为这时的总需求已经超过了总供给。你要不就别生产了，如果生产就只能高价买进原材料。

要认识到宏观经济是客观存在的，无论作为个人，作为企业，作为中央和地方政府官员，都要学会面对现实来作出自己的选择、分析和判断。

如果不懂得宏观经济就去蛮干，其代价是巨大的。我们看1997年亚洲金融风暴，在东南亚国家中有多少大企业倒下？有多少百亿富豪资产缩水？这样的例子比比皆是。因为不懂宏观经济，他们在股市最热的时候入市，在楼价最高的时候接盘，当金融风暴来临、股市泡沫破裂时，他们难以脱身。如果有一点宏观经济的常识，懂一些经济指标，看到经济这么热的时候，及时抽身而退，他们就可以保存自己的实力，不至于输得这么惨。2008年美国爆发的金融海啸，让美国华尔街的投资银行纷纷倒下，也让买了美国次级债的金融衍生品的各国损失惨重。

所以，作为一个企业家，你只要能赶上一轮经济增长的上升期，抓住一个机会就够了；作为一届政府，只要赶上一轮向上的经济周期，就能使一国经济快速发展。我国未来还有20年甚至更长时间的增长预期。在这个增长的周期内，尽管存在一些问题，但是我国经济的总体趋势是向上的。如果你懂得宏观经济知识，你把自己的企业或事业发展好了，对整个宏观经济都有好处。宏观是由全体微观组成的。如果我国所有的企业家都明白，当股价涨过头，当楼价涨过头，当物价指数涨过头，就表明经济太热了，就别再大干快上了，应该马上收手，这样就不会有这么多人在经济衰退来临时，使自己辛辛苦苦赚来的钱付诸东流。

所以，我们要学会分析和预测经济形势，要看准未来经济和社会发展的趋势。同时，我们不仅要会看国内的，还要会看国际的。如果你的公司在与跨国公司做生意，而且你有志向把你的产品打向世界，把你的品牌做成世界名牌，这时你就要分析国内外的投资机会。比如美国真要发动战争，你还敢去那儿投资吗？你要权衡利弊。为了规避风险，不选择美国，你是否可以考虑欧洲或者日本呢？你要选准投资机会，规避投资风险，就要看这个国家的宏观经济指标。你不仅要关心它的经济指标，同时还应该把握它的政治走向。

所以，作为企业家也好，作为个人也好，作为政府官员也好，都要学会判断机会。这种判断源于你学到的知识，同时要把你的知识变成一种能力，变成你自己的判断，这样你才能在宏观经济的大风大浪中、在经济的周期波动中走得更远。

同时，我们还要有强烈的危机意识。今天的中国正处在一个大变革的时代。我们不仅是跟国人竞争，同时还跟外国人竞争。有些外资企业已经有上百年的历史了，它们管理到位，技术成熟，资金雄厚，人才济济。我们的企业如果和它们去竞争，目前有这样的实力吗？所以，中国的现状是：一方面劳动力供给大量过剩，另一方面专业人才相对稀缺。在市场经济的竞争中，在我们与国际接轨的过程当中，我们更需要高水平的人才。如果我们不能更新自己的知识，不能提高自己的能力，随时都可能丢掉饭碗。一个人如此，一个企业也是如此。

你不变，世界在变；你不变，中国在变；你不变，你周围的环境在变；你不变，旁边的人都在变。所以，你得改变，如果今天你不变，明天你就有麻烦了。所以每个人都应该有危机感，因为无论任何人，在生活的道路上都不可能是一帆风顺的。如果你找不着工作，你就会抱怨，为什么我读了大学后找不到工作呢？我过去为国家作了那么多贡献，为什么现在让我下岗呢？我把钱投入股市，为什么赔了呢？如果你每天都在这样抱怨的话，你肯定不会有前途的。这些都是客观存在的，不以你个人的意志为转移。你唯一能够做的就是自己去寻找新的机会，学习新知识、新技能，先把自我转型做好，才能适应社会的转型。

我们需要上台阶，因为改革大潮终将向前，不进则退，它对所有人都一样。以前一杯茶一张报就能挣工资，但这都成了最后的晚餐。我国一些垄断性的行业，现在还靠国家政策生存。等到垄断打破以后，如果自己不去找饭，还会有饭吃吗？所以我们每一个人都要奋斗，你不可能躺在床上活一辈子。

“世界上没有免费的午餐”，做任何事都是有机会成本的。如果你能坚持读完这本书，你也付出了机会成本，因为它可能占去你赚钱的时间，可能耽误了你休闲的时间。但是，当你确立一个信念，获得一门知识的时候，你今天丢掉的东西，可能明天会给你带来多倍的回报。所以，区别只是如何选择才使你付出的成本最小、获得的收益最大。

当我们每个人都认识到学习的重要性，都认识到知识的重要性，都认识到宏观经济对大家的重要性的时候；对我们这个国家，对我们的政府，对宏观政策，对这只“看得见的手”和那只“看不见的手”都有所了解时，我们才会清醒地把握自己，去寻找机会。变化是必然的，对我们来讲，唯一要做的就是主动适应这种变化。被改变的只能是你自己，要把你的知识变成一种能力，把你的经历变成一种财富，这需要每个人的努力。能否把宏观经济知识学到手，把它变成你的一种能力，这需要你去实践。当你听新闻、看报纸、听大家在谈论宏观经济问题的时候，你可以有自己的独到见解，而不必人云亦云。

美国英特尔公司总裁格罗夫这样说：“我每天都战战兢兢地活着。”美国开国总统乔治·华盛顿在1789年就职典礼上也这样说：“我是如此战战兢兢地面对总统这个职位。”

我们每一个人对自己都能这样审慎吗？我们每一天是否都想到自己的不足，想到自己的缺点。想到自己的陈腐，想到自己需要不断更新、不断学习？如果你真能这样做，你怎么会没有新的工作？你怎么会没有投资的机会？你怎么会没有理财的意识？你怎么会找不到自己的起点呢？

作为政府高级官员和国家公务员，要根据宏观经济形势的变化及时调整产业结构，而不是在经济热过头的时候还在拼命追加投资，做大地方经济。更要懂得如何引导自己所在地区找到适合本地发展的产业，找到解决本地就业问题最好的途径，还要做好环境保护。增加的是绿色GDP，才能造福一方百姓。这些都需要具备宏观经济知识。

对于一个国家来讲，最稀缺的是人才；对于一个人来讲，最稀缺的是时间。现代社会的观念应该是“我们的时间比金钱更值钱”。那么，当今国与国之间是实力的竞争，人与人之间又表现为能力的竞争，我们每一个人就看谁能跟时间赛跑，能在有限的时间内做出更大的成就来。

经济学理论这样教导我们：这个世界上的资源是稀缺的，时间是有限的，选择是有代价的。我们一定要学会放弃一些眼前的、局部的利益，去选择机会，选择未来。

宏观经济学是一门博大精深的学问，动态性极强，有太多内容需要掌握，有太多实践还在不断的发展中。这本书只是为你推开了一扇窗户，告诉你窗外风景独好，至于你能看到什么，要靠你自己的领悟和努力。透过这扇窗口，引起你学习宏观经济理论的热忱，去领略这无限的风光。如果你能多懂得一点宏观，就会多一点机遇，少一点风险。

当你合上这本书时，请问，你面前那扇窗是否已经豁然洞开？

后记

第一版后记

《推开宏观之窗》成稿，如释重负。不知是为自己多年的夙愿有了初步的交代而欣慰，还是为书稿完成在中国经济即将腾飞时而激动。

把一个电视节目的录音稿件整理成书，本以为轻而易举，没想到竟用去五个多月的时间。这其中的自我挑战之多，绝不亚于录制电视节目时的困难。就连一个序言，区区千字文，竟然让我苦思冥想了许久都写不出来。

这才知写书的艰辛，才知教书的不易，才知读书的重要，才知道世界上做成任何一件事情都不容易。但是，只要坚持就一定可以达到目标。

我深知，书稿仍然存在缺陷。它还难以完整再现课堂互动教学的精彩，也难以跟随课堂每天最新的信息更新，其中部分资料还不够翔实。但是，丑媳妇总要见公婆，我只能捧着这部书稿，怀着忐忑不安的心情，让它与大家见面了。

应该说我最热爱的，是我教过的那数千名MBA和总裁班的学员们。是他们的激情，他们的求知欲，他们的聪明才智，他们的苛刻挑剔，让我不敢懈怠，让我不断改进教学，让我有了写作的激情。本书脱胎于对他们多年教学的实践，他们是本书最想感谢的人。

电视媒体的力量之大，这是我从来不曾想到的。记得一位电视导演这样对我说过："电视，是属于老百姓的艺术。"正是24集《宏观经济》电视节目的播出，使得我普及宏观经济教育的梦想向前跨进了一大步。为此，我非常感谢中国教育电视山东台《名家论坛》栏目组的邹群柱、侯纲、王锋、何雨先生，还有韩莉、高晓燕、孙今华小姐。感谢电视台的刘振海台长和赵维东副台长为我提供了这个舞台，还有那些辛勤的工作人员们。正是所有人的共同努力，才使得无数观众可以坐在家里学到宏观经济知识，分享我多年教学实践的成果。也正是有了在电视讲稿基础上的修改与完善，才有了今天的《推开宏观之窗》。

特别要感谢装帧设计大师吕敬人先生。两年前，他首次踏足MBA领域，为我设计了《最后一击——MBA论文选题、写作与答辩》一书的封面与版式，获得了MBA学员广泛的好评。这次听说我要写作经济学系列丛书，他欣然接受，令我非常感动。见到他那新添的白发和忙碌的身影，我心中又多了一分敬意和谢意。大师的手笔，使经济学理论的书籍有了文学色彩的封面，给本书增添了独特的风采。

更要感谢我的助手严雪刚，是他陪我走进演播室，策划了这部书稿。写作的全程是他陪我一起走过的，书中每一章的摘要都是他做的。我们挑灯通宵达旦、不眠不休，只是为了对读者有个交代。还要感谢他的妻子季成的理解，感谢他的父母帮他悉心照料幼儿海峻，让我们能开足马力，全力以赴。

想起女儿盛楠，让我感到骄傲的同时，也有几分愧对。为了写书，我常常忘了她的存在，以至在她回国度假的日子里，我没有一天时间陪她。尽管女儿在国外学业忙碌、艰辛，她仍然不忘关心我的书稿，经常打来越洋电话，与我一起推敲书名，帮我一起选择封面的设计。看我如此执著，有一天她竟然这样对我说："妈，我一定要把你写的书翻译到国外去。"这真令我欣慰，看来女儿已经长大。

这里，还有一个我一直想感谢的人，是我的先生盛斌。还在女儿刚出生的时候，那时家穷，他就趴在缝纫机上写书。他早年与张维迎合作一本《经济增长的国王》，之后又与冯仑合作中国第一部《中国国情报告》，早在我心中树立了榜样。当年家里的小饭桌上常聚集着樊纲、冯仑、胡鞍钢、张维迎等一群热血青年，那时的我总是扎着围裙，忙着在厨房里做饭给他们吃，但他们热烈讨论经济学的情形，至今仍历历在目。如今他们已经分别走进了学界、商界、政界，去实践各自理想中的经济学，他们所取得的成就，今天依然是我的榜样。

正是《宏观经济》电视节目的播出，让我与清华MBA的学生张益勇又恢复了联系。这位在经济日报社工作12年之久的资深编辑，当他得知我的《推开宏观之窗》即将完成之际，表示愿意在《经济日报》上连载本书的内容，随即又将书稿热情推荐给经济日报出版社。韩文高总编辑欣然接受了这部书稿，这是对我最大的信任与鼓励。

感谢本书的责任编辑钱大川先生，这个早年毕业于北京大学、编辑出版过很多精彩书籍的资深编辑看到这部书稿，和我产生了许多共鸣。和他交谈，犹如回到大学读书的年代，让我感到了亲切。正是他的理解与相知，才使本书能如此快地问世。他的废寝忘食，他的精益求精，他对书稿如此负责任的态度令我感动！

书稿能否被读者接受，尚待时间的检验。让我没想到的是，一部书稿如今竟然能以图书、报纸连载、电视播放和光盘这四种方式，同步在市场推出，与观众和读者朋友们见面。

更令我欣慰的是，在后记落笔之际，电视台的编导打电话告知，中共中央为促进经济发展，全面提升党员干部素质，正在数个经济大省进行远程教育的试点，这24集《宏观经济》电视节目已经荣幸地入选培训教材系列。我无言以对，我只有一个心愿，让宏观经济的普及教育在中国传播得越来越宽，越来越远。

韩秀云

2003年5月26日于中央党校家中

推荐书目

为了更好地满足大家进一步阅读的需要，这里给读者朋友们推荐一些书籍，仅供参考。

阅读下列书籍，有一个循序渐进的过程，最重要的是可以从不同的角度引起大家学习经济学的兴趣，并且为将来更深入地学习经济学打下基础。

《日常生活中的经济学》

陈光炎、邓子梁著，中国商业出版社，2003年1月出版

这本书不是针对宏观经济写的，它是从人们身边微观的经济现象或遇到的经济问题入手，巧妙融入经济学的知识。比如引导大家怎样把钱用在刀刃上，如何学会买房、买车，怎样去旅游，如何考虑保险，考虑教育问题，如何让钱增值等。推荐这本书，主要目的是帮助大家在学习经济学后，尝试去思考一些离自己很近的问题。

《经济学名著指南》

郝超、王培霖、刘境编著，民主与建设出版社，2003年1月出版

如果大家读了上面的书籍还有余力，我给大家推荐这本书。该书对60余本国内外经济学著作作了简要介绍，即使你不一一购买细看，也可以通过该书目了解到经济学领域还有哪些值得阅读的名著。

《与官员谈西方经济学》

王东京、张宝江、杨明宜著，广西人民出版社，1998年5月出版

这本书以一些典型的经济理论为对象，但并非采用传统教材的写法，而是引用一些故事，并力图使用浅显的语言。书中提到了人口与就业理论、财政税收理论、货币理论、产业经济理论、国际贸易理论、国际金融理论、制度分析理论、经济增长与发展理论等。推荐这本书，目的是让大家在对经济学不至于产生畏惧感的情况下，对经济学理论的内容有一个初步的了解。

《格林斯潘传》

季思聪、季思亮著，牧江译，青海人民出版社，1999年1月出版

其实人们最喜欢在一个完整的故事中学习知识，尤其是比较艰深的经济学。但这样的书实在太少。相对来说，《格林斯潘传》是一本很好的经济学读物，当然，这主要是针对涉及中央银行的经济学知识而言。该书主题是格林斯潘的传记，但从中我们也能看到他是如何通过美联储调控美国经济的。推荐这本书，希望大家可以以小见大，触类旁通，看经济学知识是如何在一个国家的经济治理中发挥作用的。

《顶级经济学家》

陈琳编著，企业管理出版社，2003年1月出版

对绝大多数人来说，听说经济学理论是从著名的经济学家开始的。像亚当·斯密、约翰·凯恩斯、科斯、保罗·萨缪尔森这些如雷贯耳的名字，如今已经与经济学知识不可分割地连在一起。这本书介绍了20位经济学大师的故事，尽管其选择标准有作者的个人偏好在其中。但总体来说，推荐这本书，可以让大家有一个相对集中和轻松的方式去了解在经济学领域中，都有哪些主要人物存在，他们都阐述了哪些我们所见所闻的经济学知识。

《46位大经济学家和36本名著》

庞巴·尼格拉斯、海兹·维夫赫德主编，海南出版社，2003年4月出版

这本书与上本书有重合的地方，但又不尽相同。该书的上篇对经济学家的介绍按照经济学流派进行了分类，如古典主义、新古典主义、奥地利学派、凯恩斯学派等，及其每个学派中代表性的经济学家。该书的下篇介绍了经济学领域具有主要影响力的36本名著。这本书对初学者来说，读起来相对困难了一点，推荐它，主要是希望初学者可以对主要的经济学流派和经济学著作有一个大致的了解。

《福卡经济预测丛书》

上海福卡经济预测研究所，王德培主编，文汇出版社，2001年2月出版

这套丛书到目前为止出版了10本，分别是《中国经济："戏"在哪里》、《中国改革："新"在哪里》、《中国市场："难"在哪里》、《中国战略："点"在哪里》、《中国发展："力"在哪里》、《中国未来：空间有多窄》、《中国企业：突围有多累》、《中国银行：再造有多险》、《中国直面二次改革》、《中国迈进敏感格局》。一看书名，便知书里要说什么。推荐这套丛书，是希望将经济学的初学者拉进中国的经济现实，开始思考学到的经济学知识应该怎样应用，开始思考什么地方需要经济学。

《告诉你一个真实的中国经济》

晨昃、陈追红、程超泽著，上海交通大学出版社，2003年3月出版

这本书也讲中国的经济现实，但与上一本不同，它主要在中国的整体经济和经济增长这个问题上去论述，“火力”很集中。这本书一开始就出现了大量数据，这是初学者想要了解一国经济所必须知道的基本数据状况。因为对一国经济的了解，科学的方式应该是从翔实的经济数据开始。推荐这本书，是希望读者朋友可以通过一些主要经济数据，从整体的角度，慢慢了解一个国家的经济，尤其是中国经济。

《探求智慧之旅》

廖理、汪韧、陈璐著，北京大学出版社，2000年5月出版

这本书是几个富有创意和开拓精神的年轻人策划并采访了当今世界顶尖经济学家的产物。如果不具备相当的经济学基础知识，很难深入理解这些经济学大师言谈内容中的无穷奥妙。推荐大家看这本书，是因为作者对这些经济学大师的提问设计得很好，直奔具有现实意义的话题，尤其是针对中国的问题，被访者精妙的回答高屋建瓴，可以迅速帮助经济学初学者拓宽视野。初学者看这本书，可以从记住结论开始，随着学习经济学的深入，再慢慢去探寻这些经济学大师为什么这么说。这个过程正如书名一样，是一次“探求智慧之旅”。

《宏观经济分析》

韩秀云著，中国财政经济出版社，1998年6月出版

前面推荐的书籍，主要的着眼点是逐步引起和巩固读者朋友对经济学的兴趣，产生深入学习的冲动。以上书籍中基本都没有涉及具体的经济学知识，不包含完整的经济学知识结构和体系，也没有具体的定义、计算公式等。如果读者朋友急需了解宏观经济学的知识体系和知识定义等内容，可以看我写的这本书。这本书是专门为MBA学员和企业家们写的，它既吸收了当代西方经济学的最新理论观点，又注重于对中国经济问题的实际分析，而且对重要的现实问题都有精彩的案例分析。这本书中基本没有涉及数学知识，尽量帮助大家可以一口气把它看下去，而没有太多技术性障碍。

《怪诞行为学》(升级版)

[美] 丹 · 艾瑞里著，赵德亮译，中信出版社，2010年9月出版

生活中我们常有莫名其妙的举动。你真的会失控？一时冲动就是没道理可言？本书作者丹 · 艾瑞里告诉你：错！所有的现象，背后都有经济的力量！社会当实验室，真人做小白鼠，本书一语道破，用轻松幽默的方式告诉我们这是为什么，又该如何改变。他比别的所有经济学家都更好地揭示、解释了我们不可思议的行为背后的原因。

《郎咸平说：我们的日子为什么这么难》

郎咸平著，东方出版社，2010年9月出版

本书的第一部分谈的是每个老百姓都关心的话题，那就是为什么在中国生活总是这么难。我们的老百姓总会面临几个难题，似乎还都很难解决。本书的第二部分谈的是为什么医改、教改和房改这么难。本书的第三部分谈的是为什么我们企业的日子过得也这么难。本书的第四部分谈的是为什么中国的环境这么糟。

《经济学原理》

[美] 曼昆著，梁小民 译，中信出版社，2009年4月出版

本书英文原版现已被哈佛大学、耶鲁大学、斯坦福大学等美国600余所大学用做经济学原理课程的教材。在继续保持条理清晰、易于理解的写作风格基础上，曼昆教授在第5版中对全书36章都作了精心修订；同时也更新了大部分“新闻摘录”和部分“案例研究”；此外，为帮助教师进行课堂设计和课堂讲解，本版还极大地丰富了教辅资源。

《助推》

[美] 理查德·H·泰勒 卡斯·H·桑斯坦著，刘宁译，中信出版社，2009年12月出版

什么是我们一生中耗时最多、最费心力的事？选择。都是聪明人，但为什么我们往往做出荒唐的选择？一本书，一点助推，升级你的选择智慧。什么是“助推”？不用强制手段，不用硬性规定，却能保证你同时收获“最大利益”和“自由选择权”。这股轻轻推动你做出最优选择的力量，就是“助推”。颁布法令禁止食用垃圾食品不算“助推”，把鲜脆欲滴的新鲜水果以低廉的价格方便地呈现在人们眼前，让人们主动选择健康食物，才是“助推”。

《被绑架的中国经济》

刘军洛著，中信出版社，2010年5月出版

全球经济永远在大国博弈之中起伏跌宕，房市、股市、物价……我们周围的市场总是瞬息万变。动荡不明的形势背后，有着怎样的真实脉络？未来的全球经济究竟会怎样走？本书系作者10年潜心研究的心血之作。书中对美元、黄金、石油和房价的涨跌规律进行了深刻犀利、一针见血的分析，并从种种纷繁复杂的表象入手，透彻论述了多角世界大国博弈的本质，在多年准确预测经济走势的基础上，对中国和全球经济形势的未来进行了预言。

《看不懂的中国经济》

韩秀云著，中信出版社，2008年6月出版

中国经济下一步，房价真会出现拐点吗？谁来拯救中国股市？金价为什么连跌二十多年之后一路暴涨？谁在为通货膨胀买单？人民币究竟是升值还是贬值？中国的经济是向下还是向上？一部关于中国房价、股市、物价、金价、钱价等七大热点话题的全新解读！一部为企业家、投资者拔开迷雾，指明市场发展规律的投资指南！一部为大从读者解颖释惑，全面剖析中国经济发展现状的普及读本！

《金融海啸与我何干》

韩秀云著，中信出版社，2009年5月出版

美国金融海啸究竟来自哪里？金融海啸背后隐藏着怎样惊天的秘密？这场世纪金融灾难将走向何方？它对中国究竟产生怎样的影响？我们又将如何面对？熊是咋死的？笨死的；牛是咋死的？累死的；美国是咋死的？撑死的。没有什么力量可以从外部击败美国，美国经济的轰然倒塌，仅仅源自于这个国家无限的欲望膨胀。美国经济经历200多年的上涨，现在才刚刚开始下跌；中国经济经历近170年的下跌，现在才刚刚开始上涨！

《新卖桔者言》

张五常著，中信出版社，2010年2月出版

本书集结了张五常60余篇从观察现象开始、然后引进理论或假说作解释的文章，秉承了《卖桔者言》的风格，用简单的经济理论与概念来解释表面复杂无比的世界。作者以独到的视角和精辟的语言，讨论了国际贸易、农民、土地使用等问题，以及打假货、炒黄牛等日常现象。文章通俗易懂，生动实用，是对实用经济学的一种完美呈现。

《世界大趋势》

[美]奈斯比特著，魏平译，中信出版社，2010年1月出版

未来的世界大趋势是什么？中国将如何实现腾飞梦想？面对未来，我们更需要一种全球视野！《大趋势》、《中国大趋势》作者约翰·奈斯比特透视世界，预见未来，帮助你抛弃不合时宜的心态，以应对全球化变局，掌握全球未来新趋势。

《拿什么拯救中国经济》

叶檀著，中信出版社，2009年11月出版

这是大资本、国家主义盛行的时代，也是全民资本主义发轫的时代；这是居民资产性收入受到政府鼓励登堂入室的时代，也是资本市场内幕交易泛滥、财富不公平分配的时代。从宏观经济到金融世界，从股票市场到房地产市场，所有的市场都打下了市场化发轫初期计划经济与自由市场胶着的深刻印迹。处于转型时期的人，不得不在逻辑怪圈中挣扎：赞成自由市场，又看到自由市场的约束条件；不赞成政府过度介入微观市场，却时刻呼吁政府的自律与他律。

《为什么中国人勤劳而不富有》（新版）

陈志武著，中信出版社，2010年12月

著名经济学家陈志武教授以今昔对比和中外对比雄辩地证明了几点：勤劳只能生产出更多的物质，而创造财富有三个维度“深度”、“广度”、“长度”。这三种维度分别对应“勤劳和技术创新引发的单位时间生产率的上升”、“市场开放导致单位物品价值量上升”以及“良好的证券市场将未来收入现期化”。而三大条件的实现，则有赖于明晰的产权保护和开放的市场体系。这三大条件一起实现，才能使财富的创造最大化。

《写给中国人的经济学》

王福重著，机械工业出版社，2010年1月

本书以中国的文化和经济为背景，用中国人熟悉的故事案例、文化元素、叙述方式，生动准确地讲述了经济学的原理，勾勒出经济学的全貌，是适合中国人思维方式和阅读习惯的经济学书。全书分12篇，其中前6篇是微观经济学，包括经济学的来龙去脉和特有思维方式、价格现象、消费者和企业行为、商品市场、市场失灵和博弈论等；后6篇为宏观经济学，包括金融、货币和财政政策、特殊的金融市场、经济增长、国际贸易和国际金融等。

《穷人通胀，富人通缩》

牛刀著，江苏人民出版社，2010年11月出版

作者全面解析房价泡沫与中国经济、社会的关系，对即将发生的第四次通货膨胀进行分析，为投资者提供前瞻性的财富分析和建议，避免财富缩水，获得投资回报。在这本书中，作者首次揭开蒙着面纱的住宅空置量的真相。数量如此巨大的空置住宅背后是楼市炒家的投机买卖，是房地产隐藏的大量泡沫，从中暴露的问题可涵盖宏观经济、金融风险等诸多方面，预示着中国经济将要发生大的变局。

《多难登临录》

张五常著，中信出版社，2009年11月

深入剖析了金融危机发生的本质原因，穿插介绍了发生在金融危机期间的金融机构和大型企业纷纷倒闭的案例，如通用汽车破产背后的故事等。细数中国目前社会和经济发展面临的主要问题，包括新《劳动合同法》、人民币处理、医疗改革的困难、金融中心的考虑等，阐述了自己对上述问题的见解。

《博弈论平话》

王则柯著，中信出版社，2011年4月

商业竞争、政治选举、职场生存、婚姻经营、朋友相处，就像两人对弈，常常是相当人格化的竞争。这种面临不确定性的决策，固然需要斗智斗勇，但其中也有规律可循。博弈论便是讨论利益关联的各方如何决策制胜的学问。循着作者娓娓道来的博弈论故事，你不必具有很好的数学基础或掌握系统的经济学知识，就可以初步领会博弈论的真谛，在商业活动和日常生活中作出理性选择。

给初学者推荐书目，的确不是一件容易的事。读者要求这些书籍通俗易懂，能够比较轻松地读下去。我在这里荐书主要是给初学者一个买书、看书的思路，所以不对所荐书籍质量作过多评价。如果读者朋友在大量实践中发现有不适合的地方，欢迎告诉我；任何读者朋友有好书推荐，也希望把你们的经验和心得与我分享，我将通过合适的方式传递给大家。